STARTUP
PRÓXIMO PASSO

DANIEL J. WEINFURTER

STARTUP
PRÓXIMO PASSO

DEZ ESTRATÉGIAS COMPROVADAS PARA IMPULSIONAR UM CRESCIMENTO SEGURO E AGRESSIVO

M.BOOKS

M.Books do Brasil Editora Ltda.

Rua Jorge Americano, 61 - Alto da Lapa
05083-130 - São Paulo - SP - Telefone: (11) 3645-0409
www.mbooks.com.br

Dados de Catalogação na Publicação

WEINFURTER, Daniel J.
Startup: Próximo Passo/ Daniel J. Weinfurter.
2019 – São Paulo – M.Books do Brasil Editora Ltda.
1. Startups   2. Empreendedorismo 3. Administração
 4. Negócios
ISBN: 978-85-7680-311-9

Do original em inglês: Second Stage Entrepreneurship
Publicado originalmente pela Palgrave Macmillan.

2013 © Daniel J. Weinfurter
2019 © M.Books do Brasil Editora Ltda.

Editor: Milton Mira de Assumpção Filho
Tradutor: Ariovaldo Griesi
Produção editorial: Lucimara Leal
Editoração: Crontec
Design da capa: Lucas Oliveira

2019
M.Books do Brasil Editora Ltda.
Todos os direitos reservados.
Proibida a reprodução total ou parcial.
Os infratores serão punidos na forma da lei.

Sumário

Prefácio 9

Agradecimentos 13

Introdução 17

1. Cresça ou Desapareça 21
   O Momento Certo É Tudo 23
     Assistência Médica do Centro-Oeste Americano 24
   Como Assumir o Papel de Empreendedor de Segundo Estágio 25
     A Importância de um Novo Plano de Negócios 26
     Mudança na Estratégia Operacional 27
   Da Bancarrota ao Boom 28
     Shiftgig 30
   Cresça ou Desapareça 32

2. Fontes de Capital Novo 35
   A Sua Empresa e Capital Novo 37
   Bancos e Financeiras 38
   Amigos e Familiares 39
   Investidores Privados com Patrimônio Líquido Elevado 40
   Capitalistas de Risco 43
   Private Equity 44
   Founders Brewing Company 48
   Axiom SFD 50

3. Instalar um Conselho de Administração...........53
A Composição do Conselho...........57
Recrutamento de um Conselho...........58
Remuneração do Conselho...........60
Empenho do conselho...........62
Histórias do Conselho de administração...........64

4. Crie, Não Concorra...........69
Intelligentsia Coffee and Tea...........75
Whole Foods Market...........76
Next...........78
Soulcycle...........79
Parson Group...........81

5. Contratando de Forma Inteligente!...........85
O Talento Importa...........88
A Equação do Capital Humano...........90
Os Quatro Princípios da Contratação Inteligente...........95

6. O Novo Modelo de Vendas...........109
Discurso de Vendas Efetivo...........115
Um Processo de Vendas Definido...........118
O Valor de Ser um Consultor Fidedigno de um Cliente...........121
O Valor das Histórias...........124

7. Administrando Além das Medições...........131
Definindo um Gerente de Vendas...........136
O Fundador da Empresa como Gerente de Vendas...........138
O Gerente-Vendedor...........139
A Importância do Treinamento...........140
Gerência de Vendas Eficaz...........141
Insista em um Plano de Vendas por Escrito...........143
Medição de Dados...........146
Faça uma Avaliação Mensal por Escrito...........147
Gestão de Talentos...........149

SUMÁRIO

8. Marketing de Crescimento **153**
O Mundo em Constante Mudança.................................157
Invista Logo Cedo em Marketing.................................159
Os Objetivos do Marketing de Crescimento....................162
Divulgando a sua Mensagem 165

9. A Experiência do Cliente Vivida em sua Totalidade **171**
O Divisor de Águas na Experiência do Cliente Vivida em
Sua Totalidade 174
A Experiência do Cliente Vivida em Sua Totalidade Acelera
o Crescimento...175
Assumindo o Compromisso 187
A Percepção de Valor Importa...................................184

10. A Cultura Importa **187**
O Poder da Cultura 196
Criação de uma Cultura Consciente..............................198

11. Os Segredos Para Uma Liderança Eficaz **203**
Liderança e Gestão 205
Liderança em Todos os Níveis 209
Liderança "De Cima para Baixo"..................................210
Fazendo Um Balanço da Situação 212
Qualidades de uma Liderança Firme.............................213
   Tenha um Ego São 213
   Mantenha um Equilíbrio Entre Popularidade e Eficácia.........213
   Reagir a Mudanças 216
   Esteja Presente e Visível...218
   Conheça os Seus Limites 220

Apêndice
Estratégia de Saída: Seguindo o Seu Próprio Caminho **223**

Índice Remissivo.. **237**

Prefácio

A MATURAÇÃO DE UMA STARTUP para aquilo que Weinfurter denomina uma empresa que atingiu o "segundo estágio" de crescimento é um processo cheio de desafios. Se a startup demonstrou um produto ou serviço que é diferenciado e agrega valor aos clientes almejados, a próxima fase multifacetada envolve fazer com que o empreendimento cresça e se transforme em uma empresa estável e com alto desempenho. Observei Dan dirigindo um processo de maturação desses, primeiro como diretor e investidor em sua própria startup, o Parson Group, e posteriormente em uma encarnação mais limitada, quando Dan conduziu um programa empreendedor dentro de minha empresa (grande e já estabelecida no mercado), a Caesar's Entertainment.

Nem pura agudeza, nem intuição são suficientes para qualquer empreendedor abrir uma empresa e fazê-la crescer, transformando-a em uma empresa de peso. As atividades, os recursos, as competências e recompensas são fundamentalmente diferentes e exigem uma ênfase muito maior na integridade do processo e no controle delegado. Embora o acesso a capital e aos mecanismos através dos quais o capital é introduzido em um novo empreendimento sejam críticos e dignos de debate considerável, capital é a condição necessária para o crescimento. Entre as condições suficientes temos as etapas-chave que Weinfurter descreve em detalhes, incluindo governança, preenchimento do quadro de pessoal, posicionamento e, na minha opinião, o mais interessante, as vendas.

Por exemplo, alunos do primeiro ano da Harvard Business School aprendem um bocado sobre marketing. De fato, o marketing é visto, e com razão, como uma função crítica em praticamente toda empresa de sucesso. Entretanto, gerar receita quase sempre requer um passo além do marketing: a venda. Contudo, grandes vendas e gestão de vendas não são largamente ensinadas em escolas de administração e não são disciplinas ou práticas bem desenvolvidas. Embora um marketing eficaz transmita ao cliente-alvo um argumento persuasivo para compra juntamente com informações críticas como preço e disponibilidade do produto ou serviço, vendas é um esforço sustentado, pessoal e muito mais dinâmico para convencer um consumidor cético de que um produto ou serviço deve ser comprado. Tomemos, por exemplo, o caso da filantropia; um caso que eu acho particularmente impressionante quando bem executado. Um arrecadador de donativos de uma instituição de caridade o identifica como um possível doador com base em informações públicas e particulares que vão de eventos recentes demonstrativos de riqueza ao fato de você ser um paciente ou um ex-aluno agradecido de uma instituição. O arrecadador de donativos inicia com um investimento de tempo e consideração que não espera colher frutos imediatamente, mas, ao contrário, parte da premissa que persuasão contínua, gratidão e contato muito próximo farão com que o doador aja.

Weinfurter se criou em vendas na GE e conhece o processo melhor do que ninguém que eu tenha conhecido. Os próprios empreendimentos de Dan foram construídos em grande parte em torno da excelência em vendas. Este livro nos ensina como construir uma organização de vendedores e gerentes de vendas capazes de consistentemente colocar nossos produtos e serviços em uma posição de vantagem através da contratação, treinamento, mensuração e recompensa dos talentos certos para executarem uma estratégia de vendas bem articulada. Ao fazer isso, a função de vendas se torna parte integrante da diferenciação da empresa e não um mal necessário ou custoso. O seu processo inclui a adequação do executivo de vendas com a meta, atividades de monitoramento e refinamento bem como discurso de vendas, administrando

PREFÁCIO

incessantemente o desempenho e constantemente repondo e aperfeiçoando a equipe de vendas para aumentar a eficiência.

Anos atrás, observei que minha própria empresa era muito boa em marketing, mas nem de perto tão hábil em vendas. Nós não contratávamos, nem treinávamos ou administrávamos para atingir a proficiência em vendas e nos faltavam os sistemas para fazê-lo. Dan se juntou a nós como consultor e rapidamente estabeleceu os sistemas de contratação, gestão de vendas e treinamento em vendas que se transformaram em uma fonte significativa de geração de receitas para a companhia.

Caso você tenha dado o passo considerável de estabelecer um negócio e demonstrou que ele é capaz de atender uma necessidade diferenciada no mercado, tem obrigação consigo mesmo e com seus investidores de desenvolver a capacidade organizacional para cuidadosamente elaborar um plano para maturar a startup transformando-a em uma empresa com crescimento robusto. Weinfurter possui um método rigoroso e objetivo para fazer isso e que pode e deve ser executado por empreendedores que estão determinados a superarem as frequentes armadilhas que acompanham a transição de startup para uma empresa que atingiu o segundo estágio de crescimento. Embora todos nós apreciemos as diferenças e as nuances de nossas próprias empresas, existem alguns princípios fundamentais que transcendem estas distinções. Dan apresenta estes princípios fundamentais e então conclui com suas próprias reflexões sobre como moldar a experiência vivida pelo cliente, desenvolvendo sua cultura e amadurecendo como líder eficaz. Aprendi um bocado vendo Dan aperfeiçoar as ideias que você encontrará neste livro e estou certo que você também aprenderá.

GARY LOVEMAN
Presidente e CEO da
Caesar's Entertainment

Agradecimentos

ESTE LIVRO É RESULTADO DE UM TRABALHO DE VÁRIOS ANOS. Após ser encorajado por algumas pessoas com as quais trabalhei ao longo dos anos e muito conhecidas de minha parte, me comprometi a realmente envidar esforços para completar este livro com início no final de 2011. Devo meus agradecimentos e gratidão a muitas pessoas por tornar possível este livro.

Os primeiros da lista são meus pais, Betty e Joe Weinfurter. Sou um de seus oito filhos, todos nascidos e criados em Wauwatosa, Wisconsin, um subúrbio de classe média de Milwaukee. Tenho muito que agradecer a meus pais, certamente tantas coisas, que tornam difícil enumerá-las aqui. Contudo, algumas coisas que eles instilaram em mim se destacam: o valor de trabalhar arduamente, mas nem tanto a ponto de não sobrar tempo para se divertir também, manter contato contínuo com os amigos e família apesar do tempo que passa e das limitações impostas pela localização bem como uma paixão eterna pelo aprendizado. Meus pais, atualmente com 90 e 91 anos, acabam de celebrar seus 64 anos de casamento. Eles ainda hoje leem praticamente um livro inteiro todos os dias, vivem completamente às suas custas e ambos dirigem. Espero envelhecer tão bem quanto eles e aspiro ser um modelo para meus filhos tão bom quanto eles foram para mim.

Desde meu início de carreira na GE logo após ter saído da Marquette University, tive a sorte de ser parte de uma série de excelentes organizações e de trabalhar com muitos profissionais dedicados e altamente talentosos. Além disso, há talvez uma dezena de pessoas muito especiais e talentosas com as quais trabalhei em mais de uma empresa, em alguns casos da época em que iniciei minha carreira na GE. O sucesso que algumas vezes me foi atribuído deveria, na verdade, ser dividido entre todos os indivíduos das várias organizações que o tornaram possível. Os negócios são, afinal de contas, um esporte coletivo.

Há muitas outras pessoas que contribuíram para este livro de forma que elas nem imaginam. Todas as empresas com as quais estive envolvido tiveram investidores, tanto individuais quanto *private equity* institucionais. Ter parte de seu suado dinheiro investido em algo que no início é apenas uma ideia requer bastante coragem e, da mesma forma, os sócios de *private equity* assumem riscos a cada novo investimento. Sempre estarei em dívida com os investidores tanto do Parson Group quanto do Capital H Group. A boa vontade deles de correr o risco com um empreendedor com uma ideia e um plano viabilizaram estas empresas. O crescimento destas empresas foi auxiliado de forma importante por uma série de conselheiros e amigos ao longo da jornada, entre os quais bancos comerciais, corretores de imóveis e de seguros, bancos de investimento, advogados, outros fornecedores e consultores. Finalmente, em todos os casos, fomos afortunados de ter um grande número de clientes fantásticos que também tiveram a coragem de tentar a sorte com um prestador de serviços novo e ainda não conhecido. Por alguma razão estas pessoas, que na maioria dos casos trabalharam em grandes organizações, tiveram a disposição de assumir riscos na carreira resultante de um distanciamento de comportamentos convencionais (e também ignorando as diretivas do departamento de compras de optar por fornecedores estabelecidos). Elas arriscaram com uma firma nova com um histórico limitado mas quem sabe com uma abordagem e proposta de valor diferente de seus fornecedores atuais. Sem clientes, mesmo planos inteligentes e ideias brilhantes não importam muito.

Para um escritor de primeira viagem, a falta de conhecimento sobre os passos necessários para escrever e publicar um livro podem parecer avassaladoras. Fui afortunado o bastante para ser inicialmente orientado através deste processo por Melissa Giovagnoli Wilson, que me deu conselhos sobre como navegar através deste labirinto desde o princípio, começando pelo básico – a forma apropriada de se escrever a proposta para um livro. Melissa me apresentou a John Willig, que posteriormente se tornou meu agente, e John me orientou e apoiou bem como forneceu o ocasional (e necessário) "amor disciplinador" à medida que a proposta, o título e o foco do livro eram reformulados ao longo do processo para atender as necessidades do mercado. Paul Dinas e Rusty Fisher me ajudaram de forma inestimável na redação, edição e reorganização do conteúdo do livro à medida que trabalhávamos no processo de redação do manuscrito. Foi uma alegria ter trabalhado com Laurie Harting, editora-executiva da Palgrave Macmillan. Agradeço imensamente seu apoio a este projeto e sua boa vontade em arriscar a trabalhar com um autor de primeira viagem. Ela demonstrou uma paixão pelos empreendedores e por aquilo que eles tentam viabilizar.

Dirijo meus agradecimentos aos CEOs das empresas apresentadas como estudos de caso bem como os demais que concordaram em serem entrevistados para este livro. São suas histórias únicas que, espero eu, fazem com que alguns dos principais pontos do livro ganhem vida. Como a maioria reconheceria, concordar em conversar com um escritor não é coisa para "frouxos", já que jamais se pode realmente saber o que, em última instância, será escrito e atribuído a você. Felizmente, consegui transformar todas estas conversas no texto do presente livro, de forma fiel e precisa. Agradeço a todos vocês que reservaram tempo para conversar comigo sobre suas empresas, seus sucessos, bem como sobre as coisas que vocês fariam de forma diversa caso lhes fosse dada a oportunidade.

Para mim, além de ter tido o privilégio de trabalhar com grandes pessoas ao longo de minha carreira, tive o benefício adicional de ter o total apoio de minha esposa e família, que se mostraram extraordinariamente úteis em esferas tão diversas. Começar várias empresas do zero que, ao longo do tempo, por necessidade, se tornaram internacionais, resulta em vários dias "na estrada" e várias noites e finais de semana comprometidos em atividades relacionadas ao negócio. Escrever um livro também envolve tempo e esforço significativos. Sem o apoio em casa, nada disso teria sido possível. Sou eternamente grato ao amor e apoio por eles demonstrado.

DAN WEINFURTER
Chicago, IL
agosto de 2013

Introdução

É A PARTIR DE SITUAÇÕES E EXPERIÊNCIAS DIFÍCEIS E DESAFIADORAS que surgem as reais oportunidades para o aprendizado. Abrir uma empresa certamente é uma daquelas que se encaixa na categoria dos desafios. Este ato requer visão, determinação, saber o momento justo de fazê-lo e capital para torná-la bem-sucedida. Abrir uma empresa e fazê-la crescer, superando a fase de startup, tem sido para mim uma paixão de toda uma vida. Ao longo dos anos meus parceiros e eu temos tido a sorte de transformar este sonho em realidade mais de uma vez.

Minha abordagem tem sido a de focar no crescimento desde o princípio, sempre visando à fase seguinte no desenvolvimento de uma empresa. Entretanto, os empreendedores trabalham com um modelo diverso, um que possui duas fases distintas. Ela começa com uma visão de um negócio que ofereça algo novo ou atenda a uma necessidade de mercado. Na fase de startup o fundador da empresa está basicamente focado na comprovação da efetividade do conceito, basicamente chegar a um ponto onde há um produto ou serviço viável ou uma localização geográfica funcional.

Uma vez que a empresa tenha sido estabelecida e esteja gerando receitas estáveis e lucros previsíveis, seu fundador toma a decisão de levar a empresa ao próximo estágio e de se tornar um empreendedor de segundo estágio. Os empreendedores de segundo estágio pensam mais alto e têm a paixão de atender um número maior de clientes ampliando seus negócios. Isto requer planejamento, criatividade, capital novo e, acima de tudo, um desejo de transformar a organização para atingir novas metas.

Minha carreira profissional começou em uma das maiores empresas de todas, a General Electric Company. Passei oito anos na GE, em vendas, suporte a vendas e gestão de vendas. Grande parte de minha visão sobre o mundo dos negócios foi construída durante o tempo em que lá trabalhei. Munido das habilidades que desenvolvi e após algumas paradas durante o percurso, decidi iniciar meu próprio negócio. Esta empresa chamava-se Parson Group. Desde seu nascimento tinha como objetivo seu rápido crescimento e sua capitalização através de um grupo de investidores. O plano de negócios continha as principais estratégias sobre as quais discorrerei ao longo deste livro e que impulsionam o rápido crescimento desde a fase de startup até o segundo estágio de crescimento e além deste ponto.

O caminho para o segundo estágio de crescimento nos negócios não é direto ou previsível. Muitas das hipóteses que fazemos como parte de nosso plano muitas vezes se mostram insuficientes ou simplesmente completamente erradas. Uma estratégia para um certo tipo de negócio talvez não funcione para outro. Um plano que funciona bem em uma região do país não é sinônimo de sucesso em outra região – ou mesmo em um país diferente. Uma tática que funcionou bem em 1995 talvez não funcione mais em 2015. Os mercados mudam e os concorrentes proliferam; a economia tem altos e baixos. O empreendedor de segundo estágio bem-sucedido tem que estar aberto a mudanças não previstas e saber reagir a elas para conseguir um crescimento sustentado.

Qual o significado de conseguir levar sua empresa para o segundo estágio de crescimento? De acordo com pesquisa realizada em 2012 pela Edward Lowe Foundation, uma empresa que atingiu o segundo estágio de crescimento é aquela que conseguiu passar pela sua fase de startup, mas que ainda não conseguiu atingir todo seu potencial.[1] O tamanho típico de uma empresa que atingiu o segundo estágio de crescimento é uma que tem de 10 a 100 funcionários, receita de US$ 1 milhão a US$ 50 milhões. Embora este grupo represente 10% de todas

---

[1] Edward Lowe Foundation, 2nd Stage Growth Companies, 2013, http://edward-lowe.org/who-we-serve/secondstage/.

as empresas americanas, ele é responsável por mais de 36% dos empregos e por 38% das vendas. Estes números são impressionantes e indicam que uma parte substancial da comunidade dos pequenos negócios consegue atingir crescimento adicional.

Embora seja esclarecedor conhecer todos estes números concernentes a empresas que atingiram o segundo estágio de crescimento, eles podem ser limitantes. O empreendedorismo de segundo estágio é mais uma questão de um processo de transformação na maneira que se pensa sobre a própria empresa. Em vez de descrevê-la em termos de tamanho e receita, acredito que, na maioria dos casos, a transição é mais bem descrita como início, quando seu fundador se sente confiante que a startup é bem-sucedida em bases sólidas e continua até que seu fundador opte por deixar o negócio. O crescimento de segundo estágio é uma plataforma de lançamento para o crescimento continuado.

O presente livro apresenta dez estratégias comprovadas que podem ser aplicadas a qualquer startup em busca de alcançar este objetivo de extrema importância. Escolhi uma série de empresas que atingiram o segundo estágio de crescimento e ilustro como elas empregaram uma ou mais destas estratégias para atingirem o sucesso. Independentemente de sua empresa se basear em um modelo B2B (*business-to-business*) ou em um modelo B2C (*business-to-consumer*), o objetivo básico é o mesmo: expandir o negócio e aumentar sua lucratividade. Embora existam diferentes desafios inerentes a cada um destes modelos, eles têm em comum as ferramentas fundamentais para o crescimento: a criatividade, a mão de obra adequada, uma cultura corporativa única, práticas de gestão proativas, governança inteligente, liderança firme e injeção de capital novo. Baseado em minha experiência, tais preceitos são universais e ajudarão a impulsionar qualquer negócio.

Tudo isso é fácil? Não. Qualquer uma das soluções se adéqua perfeitamente a todo tipo de negócio? Certamente não. Como disse David Lee, proeminente capitalista de risco do Vale do Silício, ao falar sobre as condições atuais no mundo dos negócios: "Nunca foi tão fácil abrir uma empresa e nunca foi tão difícil construir uma."[2]

Porém, com bom senso e conhecimento de sua empresa e do setor e mercado em que ela atua, com a adesão a um plano de negócios sólido bem como determinação e gana de fazer com que ele se concretize, você pode se tornar um bem-sucedido empreendedor de segundo estágio.

---

[2] Nicole Perlroth, "Technology Start Up Investors Grow Wary of Tech Ventures", *The New York Times*, 13 de janeiro de 2013, http://www.nytimes.com/2013/01/14/technology/start-up-investors-grow-wary-of-tech-ventures-after-facebooks-ipo.html?pagewanted=all.

Capítulo 1

CRESÇA OU DESAPAREÇA

COMEÇAR UM NEGÓCIO É UMA TAREFA ÁRDUA. Todo empreendedor é capaz de atestar este fato. Juntar o capital, criar sistemas, contratar pessoal, encontrar clientes, conseguir manter o impulso inicial para fazer com que ele tenha sucesso – são todas tarefas que exigem dedicação máxima. Não é nada surpreendente os donos de negócio dedicaram-se tanto a suas startups que, ao chegar o momento de levar a empresa para o segundo estágio de desenvolvimento, geralmente eles hesitam ou até mesmo empacam. A empresa está indo bem e auferindo lucros. Seus funcionários estão trabalhando a contento. A tentação é continuar com os mesmos sistemas, produtos e funcionários atuais para levar a empresa ao patamar seguinte.

Entretanto, esta não é uma estratégia viável para crescimento sustentado. Para se atingir o segundo estágio de desenvolvimento, grande parte daquilo que fez de sua startup um sucesso precisará mudar. Isso é difícil já que haverá oportunidades em que o empreendedor não saberá aquilo que ele não sabe. Trata-se de um terreno inexplorado. O empreendedorismo de segundo estágio envolve a reavaliação de toda a organização, inclusive sua própria relação com ela. A partir do momento que se decide pela expansão, não tem mais volta. Será: crescer ou desaparecer.

O MOMENTO CERTO É TUDO

A decisão de ampliar a empresa não é simples. Certamente a grande questão está relacionada com o momento de realizá-la. É chegada a hora de crescer? Em caso negativo, quando? A resposta a esta pergunta tem duas partes. Primeiramente, há a parte pessoal da decisão. Estaria você como fundador da empresa pronto para ir adiante? Teria você a competência, a motivação e a capacidade de levar a empresa para o estágio seguinte? Afinal de contas, a decisão de levar a empresa para o segundo estágio de crescimento envolve um risco significativo de não dar certo, possivelmente a perda de tudo aquilo que você trabalhou tanto para construir. Não se trata apenas de uma decisão empresarial; trata-se também de uma decisão pessoal.

A segunda parte da pergunta está relacionada com o ambiente externo de negócios. O mercado para os seus serviços ou produtos é próspero e está crescendo o bastante para você crescer junto com ele? Qual a situação da economia como um todo? Os clientes estão em condições de se manterem adimplentes? Como as flutuações de momento nas taxas de juros e índices de inflação afetarão os resultados de sua empresa? Há capital suficiente disponível para financiar o crescimento? As mudanças tecnológicas estão avançando mais rapidamente do que sua empresa? Qual o nível de agressividade de seus concorrentes? As respostas a estas e a dezenas de outras questões relacionadas ao *timing* precisam ser respondidas para fundamentar sua decisão sobre o momento de acionar o comando de sua estratégia para crescimento. Todos nós aprendemos, com o acumular de nossas experiências, que *timing* realmente importa. O exemplo a seguir de uma bem-sucedida empresa de assistência médica ilustra por que o *timing* é um fator-chave tão importante assim na decisão de se iniciar o segundo estágio de crescimento.

ASSSISTÊNCIA MÉDICA DO CENTRO-OESTE AMERICANO

Consideremos a situação enfrentada por uma startup do setor de assistência médica em que cada um dos seus sócios-fundadores detém 50%. A missão desta empresa é transformar o segmento de assistência médica dando poder a cada um dos empregados para assumir o controle dos cuidados com sua própria saúde. Alega-se que se as empresas implementarem a abordagem sugerida, serão capazes de reduzir em mais de 30% as despesas globais com assistência médica e ainda assim fornecerem um nível ainda melhor de serviços de assistência médi-

CRESÇA OU DESAPAREÇA

ca e, consequentemente, ter seus funcionários em melhores condições de saúde. Há uma enorme oportunidade de mercado para os serviços prestados por esta empresa e suas instalações iniciais tiveram um ótimo desempenho sob uma perspectiva financeira e têm sido bem-sucedidas no cumprimento das missões da empresa – tanto para os funcionários como para as empresas que bancaram a ideia. Parece óbvio que os empreendedores precisam expandir rapidamente para tirar proveito desta oportunidade de mercado. Mas no momento faltam a esta organização tanto recursos financeiros quanto capital humano para executar um plano para o segundo estágio de crescimento. Ela precisaria pegar capital externo para financiar os investimentos necessários para um crescimento mais rápido.

Entretanto, os dois sócios têm uma visão diferente em relação à tomada de capital externo. Um teme a perda de controle resultante da participação dos investidores externos.

O outro está extremamente preocupado com o fato de que se eles não implementarem um plano de crescimento, perderão esta oportunidade de mercado com resultados potencialmente desastrosos já que seus concorrentes têm capital e adotam uma política bem agressiva. O mercado está mudando rapidamente. Embora os fatores externos indiquem que é a hora certa de crescer, um dos sócios não está pronto para dar este grande passo.

COMO ASSUMIR O PAPEL DE EMPREENDEDOR DE SEGUNDO ESTÁGIO

Ninguém se torna um empreendedor de segundo estágio da noite para o dia. Trata-se de um processo em que você tem que mudar sua maneira de pensar de empreendedor batalhador de uma startup, envolvido com cada aspecto da empresa, dizendo o que deve ou não deve ser feito, todo santo dia, fazendo o possível e o impossível para que sua empresa tenha sucesso. E seus esforços valeram a pena. Finalmente a empresa está decolando. Chovem clientes. Tudo está se ajustando. Está até mesmo tendo lucro.

Então você se dá conta. Sua startup é um sucesso. E enquanto estiver crescendo, você sabe que a sua empresa pode vir a ser muito mais que isso: maior, melhor e abocanhar uma fatia de mercado ainda maior com novos produtos e serviços. É hora de dar o próximo passo, de fazer planos para levá-la ao estágio seguinte. À medida em que o plano se torna uma realidade, de repente você não pode mais estar à frente de cada evento crítico e de cada decisão que é ou precisa ser tomada, a cada minuto de cada dia. Há mais a ser feito do que fisicamente você próprio consegue fazer. É hora de se dar conta que é preciso um plano para crescimento e, mais importante ainda, se faz necessária ajuda externa.

Desprender-se é uma das lições mais difíceis que qualquer fundador de empresa tem que aprender sobre o empreendedorismo de segundo estágio. No início, os donos estão envolvidos em cada decisão concernente às suas empresas – desde a cor a ser usada para pintar as paredes até como estruturar a equipe de vendas. O empreendedor de segundo estágio tem que focar na visão mais geral e não nas pequeninas coisas. Isso sem dizer que certos detalhes na verdade nem importam. Afinal de contas, foi a sua visão e gana que fizeram com que o negócio fosse para a frente. Agora você precisa aprender a importância de alavancar suas habilidades exclusivas para dar o passo seguinte. O processo organizacional, a disciplina e uma visão suficientemente bem articulada e largamente compreendida do futuro são críticos para conduzir a empresa ao sucesso no segundo estágio. Delegar responsabilidades para a equipe de gerentes e tomar a dianteira deve ser o seu novo papel.

A IMPORTÂNCIA DE UM NOVO PLANO DE NEGÓCIOS

As coisas vão acontecer muito rapidamente a partir do momento em que você se comprometer a fazer com que sua empresa cresça. Mas com que velocidade você quer crescer? A programação feita por você irá moldar o próximo passo no processo: o seu novo plano de negócios. Ele não só mostra o que *pode* ser feito como também (e igualmente

CRESÇA OU DESAPAREÇA

importante) o que *tem que* ser feito para a empresa apresentar os resultados planejados dentro do prazo estabelecido.

Por exemplo, as decisões sobre estratégia de capitais e sobre a estratégia de crescimento estão muito inter-relacionadas. Tipicamente, o crescimento provém de uma série de investimentos individuais que, quando executados corretamente, tendem a valer a pena com um consequente aumento das vendas e dos lucros. As decisões podem ser tão simples como quantos vendedores contratar e quando contratá-los (pressupondo-se um modelo de negócios que cresce através de uma organização de vendas profissional) ou tão complicadas quanto criar uma nova linha de produtos com tudo que nela está envolvido como pesquisa, desenvolvimento, engenharia, fabricação, embalagem, fixação de preços, marketing e vendas. Cada uma destas etapas demanda tempo.

Estes tipos de decisão, quando combinados com problemas de pessoal, novos sistemas e suporte, canais de distribuição adicionais, expansão das instalações e dezenas de outras considerações, tornam o exercício do planejamento empresarial uma das etapas mais complicadas e desafiadoras no sentido de se atingir o segundo estágio de crescimento.

MUDANÇA NA ESTRATÉGIA OPERACIONAL

Quando a versão inicial do plano de negócios estiver pronta, aí começa o verdadeiro trabalho. Comprometimento com o crescimento significa comprometer-se a mudar a maneira usual de se conduzir um negócio. Mudanças no pessoal estão entre as primeiras considerações a serem feitas e, geralmente, as mais difíceis. Seriam os gerentes e subordinados atuais capazes de impulsionar a empresa no sentido de novo crescimento? Se for preciso novos funcionários, seriam eles acrescentados ou em substituição aos já existentes? Qual o nível de reestruturação necessário para se criar equipes novas eficazes?

Um exemplo clássico deste tipo de mudança básica de pessoal é a estrutura de um departamento financeiro e contábil interno. As startups raramente têm departamentos financeiros com vários níveis hierárquicos. Tipicamente, existe um contador, uma pessoa responsável pelo departamento de contas a receber, outra pelo de contas a pagar e outra responsável pela folha de pagamento. Algumas vezes uma mesma pessoa acumula todas estas funções. Entretanto, se uma empresa planeja expandir sua organização bem como sua receita, esta estrutura não funcionará. Uma empresa que quer atingir o segundo estágio de crescimento certamente precisará de um gerente de contabilidade para supervisionar a geração de relatórios financeiros e balanço. Logo será preciso um *controller* e em algum ponto do segundo estágio, provavelmente será preciso contratar um Diretor Financeiro. E é muito pouco provável que a pessoa que no momento está desempenhando várias funções para manter o departamento contábil funcionando harmoniosamente será a mais indicada para assumir o cargo de Diretor Financeiro. Estas são, fundamentalmente, funções diferentes, exigindo níveis de habilidade, formação e experiência bastante diferentes. O preparo para o segundo estágio de crescimento exigirá você fazer a si mesmo esta mesma pergunta para as diferentes funções dentro de sua organização. E, se você for honesto consigo mesmo, provavelmente chegará à conclusão que existem certos indivíduos que, por algum motivo, não possuem a força necessária para avançar para o estágio seguinte. Trata-se de um processo penoso que resulta na perda de pessoas-chave que o ajudaram a chegar onde você está agora. Entretanto, tomar tais decisões de maneira refletida é um processo necessário para impulsionar crescimento futuro. Como este novo nível de gerência irá impactar o pessoal existente também é uma grande preocupação.

DA BANCARROTA AO BOOM

Ao conversar com os donos da Founders Brewing Co., Mike Stevens e Dave Engbers, estes serão os primeiros a lhe dizer que eles penaram para não fechar as portas da microcervejaria de sua propriedade que ainda dava os seus primeiros passos. Dez anos antes, eles pediram demissão de seus empregos em tempo integral e decidiram seguir a paixão deles pela cerveja abrindo um negócio próprio, começando,

CRESÇA OU DESAPAREÇA

como normalmente acontece no setor cervejeiro, pela abertura de um *brew pub*[3]. Depois de um prolongado período inicial, eles passaram a experimentar diferentes combinações e criaram uma boa linha de *lagers* mas nada de excepcional. Localizada no centro de Grand Rapids, estado de Michigan, a Founders Brewing Co. gozava de excelente reputação local, mas ela não era capaz de atrair um público suficiente.[4] As dívidas se acumulavam; o crescimento nas vendas era lento. Dave e Mike tinham que fazer alguma coisa ou então ver o sonho deles desvanecer. Eles tinham duas opções: crescer ou então sucumbir.

Em 2007, quem sabe tomados pelo desespero, eles decidiram aderir a uma nova estratégia. Em vez de concorrer com outros por uma fatia do mercado de *lagers*, eles decidiram usar o seu *expertise* para criar uma linha de cervejas totalmente nova e de preço elevado, mais aromáticas, encorpadas e com um gosto mais forte, como a cerveja do tipo *stout*, que eles chamaram de Founders Brewing Breakfast Stout.[5] Esta cerveja incomum contém café, chocolate e aveia. Seu teor alcoólico é superior a 8%. Com o auxílio de um pouco de capital novo, eles modificaram a embalagem e expandiram sua linha para incluir cervejas exclusivas com nomes chamativos como Double Trouble, All Day Pale Ale, Devil Dancer, Curmudgeon Stout, Bad Habit e Dirty Bastard.

Esta estratégia foi recompensada ao serem convidados a participar da Extreme Beer Fest, aberta apenas para convidados, na cidade de Boston, um evento anual organizado pela *BeerAdvocate*, uma das mais respeitadas publicações (em versões impressa e *on-line*) sobre o setor microcervejeiro. Este evento foi *o* momento decisivo para a Founders Brewing. Eles tinham excelentes linhas de produtos para todo o evento.

---

[3] *Pub* ou restaurante que fabrica e vende sua cerveja artesanal no próprio local. Fonte: http://en.wikipedia.org/wiki/Microbrewery. (N.T.)

[4] Garret Ellison, "Why Some Say Founders Brewing Represents the Best of New Grand Rapids", Grand Rapids Press, 16/nov/2012, http://www.mlive.com/business/west-michigan/index.ssf/2012/11/founders_impact_grand_rapids.html.

[5] Garret Ellison, "How Flirting with Bankruptcy Forged @FoundersBrewing into a Titan of Craft Beer", Grand Rapids Press, 05/out/2012, http://www.mlive.com/business/west-michigan/index.ssf/2012/10/founders_15-year_anniversary.html.

Os editores da *BeerAdvocate* vieram falar com eles para tentar entender o tremendo alvoroço sobre esta "cervejaria recém-constituída".

Quando a equipe da Founders retornou para Grand Rapids vinda de Boston na *station wagon* Mercury Sable do pai de Dave Engbers, os fundadores da empresa assumiram consigo mesmo fazer um esforço final para levar a empresa para o estágio seguinte. O resto é história. Foram necessários dez anos para a empresa atingir uma produção anual de 10.000 barris, um marco significativo para a empresa e bem acima do ponto de equilíbrio do setor que é de 3.000 a 6.000 barris/ano, de acordo com a Lueders Consulting, especializada no setor.[6] Nos anos logo após o relançamento, o volume de produção anual cresceu como segue: 17.000 barris, 28.000 barris, 43.000 barris, 71.000 barris e agora ele atinge 135.000 barris. Com uma nova fábrica atualmente em construção, a capacidade de produção irá subir para mais de 350.000 barris.

SHIFTGIG

O setor de tecnologia opera hoje em dia segundo um conjunto de regras diferentes daquelas que regem outros empreendedores de segundo estágio. Assim como muitos que abriram um negócio, os empreendedores deste setor focam inicialmente na criação de um produto viável mínimo para depois aprender quais são os pontos fortes e fracos do produto, o mercado atendido por ele, tentando construir alguma experiência inicial por parte dos usuários. Diferentemente do restante do mundo, eles não se preocupam com receitas. Em vez disso, neste estágio, eles focam no número de usuários de seus programas e no *feedback* por parte dos usuários. Em geral esta fase é financiada pelos fundadores numa tentativa de terem total controle da empresa visando maximizar a oportunidade para criação de valor. Mas o tempo é bem apertado no mundo da tecnologia e, em geral, o segundo estágio começa depois de alguns meses e não depois de alguns anos.

---

[6] Foi usado o site da Lueders Consulting como fonte para os dados estatísticos referentes ao volume produzido, http://www.brewconsult.com.

CRESÇA OU DESAPAREÇA

A Shiftgig foi aberta no final de 2011 por Eddie Lou. O *background* de Eddie é único no sentido de ele ter começado no mundo dos negócios primeiro como empreendedor, para depois se tornar um capitalista de risco e então deixar este mundo para abrir a Shiftgig juntamente com mais dois sócios. A ideia por trás da Shiftgig é conectar indivíduos com experiência no setor de bares e restaurantes como, por exemplo, *barmen*, garçons e cozinheiros, com estabelecimentos que estão procurando contratar indivíduos com estas habilidades. Pense na Shiftgig como um cruzamento entre a plataforma LinkedIn focada no setor de bares e restaurantes com aspectos do Facebook. Os indivíduos podem introduzir suas habilidades e experiência na plataforma Shiftgig de forma bastante parecida com aquela do LinkedIn, mas eles também podem introduzir outros elementos como vídeos, fotos adicionais, e suas "pontuações sociais" baseadas no número de amigos no Facebook e de seguidores no Twitter. Isso fornece uma maneira muito eficiente para os empregadores encontrarem exatamente o tipo de pessoa que irá se adequar ao seu bar ou restaurante.

Durante os seis primeiros meses de existência da Shiftgig, a ênfase foi na construção do produto e na obtenção de uma base inicial de usuários, primeiramente em Chicago e logo depois em Nova York e Los Angeles, todas cidades com um número enorme de bares e restaurantes. Mas mesmo quando o produto se encontrava em sua fase inicial de lançamento, Eddie trabalhava duro no desenvolvimento de um plano para passar a ter um alcance nacional juntamente com a determinação da abordagem ótima para estabelecer um *Series A round*[7] de financiamento para sustentar este plano de crescimento. Em menos de um ano após a constituição da empresa, a Shiftgig fechou uma "rodada" de US$ 53 milhões destinados a financiar o estágio seguinte de crescimento da empresa.

---

[7] O investimento de capital de risco ocorre tipicamente depois da "rodada" de financiamento de capital semente, na forma de uma primeira "rodada" de capital institucional para financiar crescimento (também conhecido como *Series A round*). O objetivo é gerar ganhos através de um evento de realização (por exemplo, uma IPO ou a venda da empresa em que se investiu). Fonte: http://en.wikipedia.org/wiki/Venture_capital. (N.T.)

CRESÇA OU DESAPAREÇA

Cresça ou desapareça. Trata-se de uma afirmação bastante polarizadora e, obviamente, se tomada ao pé da letra, alguns podem ter problemas com ela. Certamente existem muitas empresas que não crescem nada ou então crescem muito lentamente. Muitas delas são grandes empresas que já estão no mercado há anos, geram um grande volume de caixa e dão a seus proprietários um excelente estilo de vida. Mantive contato com os CEOs de dezenas de empresas com faturamento anual abaixo dos US$ 10 milhões; embora suas empresas gerem centenas de milhares ou até mesmo milhões de dólares de lucro por ano, grande parte dele fica com o dono na forma de distribuição de dividendos. Sob vários aspectos é difícil argumentar-se contra esta abordagem. Ela pode e muitas vezes oferece um estilo de vida muito bom.

Entretanto, esta abordagem nunca foi aquela que me apetecesse e, provavelmente, também não é para os leitores deste livro. Ter o desejo de expandir um negócio de maneira contínua e rápida é muito gratificante e, sob vários aspectos, pelo menos na minha visão de mundo, é a única abordagem que irá funcionar por um longo período.

Deixe-me explicar a razão. Em um capítulo mais adiante deste livro explicarei que a longo prazo o talento é a única verdadeira vantagem competitiva sustentável. Se você quiser crescer e prosperar ao longo do tempo, *terá que* descobrir como conseguir pessoas muito talentosas para as funções-chave dentro de sua empresa – e como mantê-las lá. Este princípio, acredito eu, é evidente.

Porém, as pessoas realmente talentosas, aquelas com capacidade, potencial e ambição consideráveis também estão em busca de oportunidades para crescimento, tanto no plano pessoal quanto no profissional. A maior parte das pessoas realmente talentosas permanecerá em uma função por muito tempo apenas se tiverem que enfrentar desafios continuamente e juntamente com esta situação de desafio elas querem oportunidades de poderem ter um aprendizado contínuo e avanço na carreira.

O mesmo acontece, por exemplo, nos esportes. Afinal de contas, um bom tenista iria querer enfrentar algum adversário que pode ser

CRESÇA OU DESAPAREÇA

facilmente batido por ele? Ou, caso fosse um enxadrista, você preferiria ter como oponente alguém que não é muito astuto e que pode ser derrotado facilmente? Ou você preferiria jogar contra alguém que é melhor, mesmo que isso possa significar uma provável derrota sua? As pessoas competitivas valorizam uma competição verdadeira. Da mesma forma que as pessoas talentosas exigem ser desafiadas de modo a poderem aprender e crescer. Evidentemente, a remuneração também importa, mas ela por si só será insuficiente para manter os funcionários em sua empresa.

Portanto, de modo a oferecer oportunidades para as pessoas mais talentosas de sua empresa para que elas cresçam desempenhando funções e enfrentando situações cada vez mais complexas, é necessário que toda a empresa cresça. O crescimento da empresa cria uma necessidade que possibilita a alguém subir na carreira e com indivíduos talentosos você terá um bom contingente a partir do qual poderá selecionar indivíduos para estas novas funções e aproveitar suas capacidades, experiências e gana únicas. Isto funciona muito mais do que tentar convencer a mesma pessoa a fazer basicamente o mesmo trabalho pelos próximos dois anos.

A verdadeira beleza de todo este ciclo é que ele próprio se corrobora. As pessoas realmente talentosas tendem a obter grandes resultados para os clientes, sejam através do produto que elas projetam ou fabricam ou pelo serviço que elas oferecem. A qualidade no fornecimento do produto ou serviço resulta em melhorias significativas no valor conforme percepção dos clientes e também no nível geral de satisfação destes. Avanços no valor recebido e nos níveis gerais de satisfação resultam em níveis mais elevados de crescimento para a empresa e, por sua vez, este crescimento resulta em um número ainda maior de oportunidades para crescimento pessoal e profissional dos funcionários. Isto mesmo, todo mundo fica feliz quando você é capaz de realizar isso. Obviamente há um possível aspecto negativo nesta estratégia: caso tenha formado sua equipe vendendo a ela a ideia de crescimento e, se por algum motivo qualquer, você não conseguir concretizá-lo ou o crescimento for lento, será um desafio conseguir manter as melhores pessoas na sua empresa já que elas irão procurar outras alternativas que poderão dar a elas um conjunto de oportunidades de crescimento mais atraente.

PALAVRAS FINAIS

Optar por crescer de forma agressiva apresenta sérios riscos para qualquer negócio, tanto emocional quanto financeiramente. Certifique-se de que a decisão se baseia em um sólido plano de negócios. Crescimento pelo simples crescimento não é uma estratégia sustentável. Uma startup pode simplesmente continuar nesta mesma condição caso a conjuntura econômica não garanta investimentos para um verdadeiro crescimento.

O empreendedorismo de segundo estágio assume um compromisso com uma nova visão para o futuro e um plano bem embasado para concretizá-la. Significará mudanças fundamentais na empresa e na relação do seu fundador com ela. Serão necessários novos investimentos, novos tomadores de decisão, novos produtos, novos sistemas para expandir o negócio. Com o total comprometimento do fundador da empresa bem como de sua equipe aliado a um plano de negócios arrazoado, executado em condições de mercado adequadas, sua empresa pode alcançar o crescimento. E quando você consegue fazer isso, bem, poucas coisas na vida são tão gratificantes.

Capítulo 2

FONTES DE CAPITAL NOVO

Talvez nenhum tópico suscite tamanha controvérsia entre os empreendedores quanto como financiar o segundo estágio de crescimento. A menos que a startup tenha sido tão bem-sucedida a ponto de ter conseguido acumular uma reserva substancial para financiar o impulso para o nível seguinte, será preciso capital novo. Há uma série de fontes para capital novo, cada uma das quais com seu conjunto de questões concernentes à definição de responsabilidades e prestação de contas, controle e lucratividade para o empreendedor de segundo estágio. Nem é preciso dizer que o típico fundador de empresa prefere a opção com o mínimo de condições limitantes possível, mas dado o volume de recursos necessários, talvez isso não seja viável.

A SUA EMPRESA E CAPITAL NOVO

Assim como acontece com muitas das decisões do mundo dos negócios, aquela relativa ao volume de capital novo necessário e em que momento depende de seu plano de negócios para o segundo estágio de crescimento. De modo a avaliar completamente sua necessidade de novo capital, o plano de negócios precisa atender as seguintes questões:

1. Qual a sua estratégia para crescimento?
2. Qual o nível de endividamento atual?
3. Qual a receita projetada antes da recapitalização ou capital novo ser injetado na empresa?
4. Qual o custo total projetado dos investimentos inerentes à estratégia de crescimento?
5. Qual o tempo necessário para a injeção de capital?

Estas informações são críticas para se tomar uma decisão em relação às necessidades de capital para crescimento. Além disso, também será útil formular uma estratégia sobre a abordagem para os fundos adicionais necessários. Possíveis investidores também precisarão todas ou a maior parte das informações antes de comprometerem recursos.

BANCOS E FINANCEIRAS

A fonte tradicional de financiamento são os bancos ou alguma outra instituição financeira que ofereça financiamento de dívida ou financiamento "mezanino"[8]. Na economia de hoje, as instituições financeiras são cautelosas em relação a empréstimos a empresas que ainda não se encontram bem estabelecidas. O senso comum ao se negociar com bancos é que enquanto uma empresa não tiver atingido uma relação lucro/EBITDA de US$ 5 milhões, o financiamento de dívidas exigirá uma garantia extra através da penhora de bens da empresa e, em muitos casos, também uma garantia pessoal. Estas exigências limitam significativamente sua capacidade de obtenção de empréstimos. Além destas exigências estritas, pode levar meses até que se obtenha a aprovação do empréstimo no presente mercado bancário profundamente afetado pela crise financeira gerada pelas hipotecas de alto risco do mercado norte-americano (2008). Para empresas visando o segundo estágio de crescimento, o *timing* é crítico. A menos que você consiga incorporar este tempo de aprovação em seu plano de negócios, trata-se de uma demora que sua empresa não tem condições de arcar.

---

[8] No jargão dos profissionais da área de capital de risco (VENTURE CAPITAL), estágio de desenvolvimento de uma sociedade que imediatamente precede a abertura de seu capital. Os investidores que participam deste estágio correm menos riscos de perdas que aqueles que investem em estágios anteriores e podem esperar valorização do capital em curto prazo, resultante do valor de mercado (MARKET VALUE) determinado pela oferta pública inicial (IPO). Fonte: Dicionário de Termos Financeiros e de Investimento, Nobel. (N.T.)

AMIGOS E FAMILIARES

Um grande número de novas empresas são abertas com dinheiro obtido através de ligações pessoais. Um empreendedor tem uma ideia e pede dinheiro emprestado para um grupo de familiares e outros contatos pessoais. As vantagens desta fonte de capital são óbvias. Aqueles que lhe emprestaram dinheiro estão pessoalmente envolvidos em ver você e o seu negócio darem certo e, consequentemente, a atitude deles concernente ao empréstimo não é carregada com o usual ceticismo, ressalvas e elevadas taxas de juros de uma financeira. Amigos e familiares podem ser bastante úteis em impulsionar o empreendimento e em oferecer-se para dar uma mão ajudando-o de uma série de maneiras. O acesso aos recursos é mais rápido e envolve muito menos burocracia – um fator importante quando você pretende expandir a empresa.

Entretanto, os principais inconvenientes de depender de contatos pessoais para financiamento são significativos. A menos que você ande por círculos de milionários, é difícil levantar um volume de capital significativo de amigos e familiares. Para poder atingir sua meta de capitalização a partir deste tipo de fonte, talvez seja necessário reunir uma miscelânea de pequenas quantias de um grande número de contatos, o que pode tornar complicado e difícil o seu controle.

O crescimento de um negócio é um processo cercado de todo tipo de armadilhas e desafios não previstos. Não há nenhuma garantia de sucesso e uma elevada probabilidade de insucesso. De acordo com um trabalho científico preliminar da New York University, o financiamento obtido com amigos e familiares normalmente leva a resultados abaixo do nível ótimo.[9] Para muitos empreendedores, a aversão a correr riscos aumenta significativamente devido ao receio de colocar em risco o capital de contatos pessoais. Você está comprometido com o seu negócio e propenso a correr alguns riscos calculados para torná-lo um sucesso no segundo estágio. Entretanto, envolver amigos e familiares pode restringi-lo, algumas vezes em detrimento da empresa, na exe-

---

[9] Samuel Lee e Petra Persson, "Financing from Family and Friends", New York University Working Paper, março, 2012.

cução de planos mais agressivos para crescimento futuro que de outro modo você faria.

INVESTIDORES PRIVADOS COM PATRIMÔNIO LÍQUIDO ELEVADO

Os investidores privados com patrimônio líquido elevado diferem de amigos e familiares no sentido que eles são profissionais da área de negócios que investem visando lucro. Em geral chamados de investidores anjos, eles estão abertos a oportunidades de investimento prementes e apresentam uma menor aversão a riscos do que os concessores de empréstimo tradicionais. Eles podem ou não fazer parte oficialmente de uma empresa, mas eles aplicam muitos dos mesmos rigorosos padrões aplicados a qualquer possível parceiro de investimentos.

Puramente segundo a perspectiva dos números, os investidores privados com patrimônio líquido elevado ocupam um segmento grande e crescente do mercado de financiamento para pequenos negócios. De acordo com a Startupnation.com, mais de 250.000 investidores privados com patrimônio líquido elevado financiam anualmente mais de 30.000 pequenos negócios em todos os níveis de desenvolvimento.[10] Este número engloba as startups bem como as empresas que atingiram o segundo estágio de crescimento. Em 2012, cerca de 40% do total investido por investidores privados com patrimônio líquido elevado foram para financiamento de capital semente com o restante indo para o financiamento de estágios de crescimento subsequentes.

Se você ainda não tiver um histórico como empreendedor ou sucesso corporativo significativo e sua empresa ainda se encontrar em um estágio inicial, o potencial pleno do modelo de negócios poderia parecer não demonstrado para concessores de empréstimo institucionais. Mas, devido aos critérios menos rígidos, e muitas vezes subjetivos, dos investidores privados com patrimônio líquido elevado, estes

---

[10] Startupnation.com, "Financing Options for a Small Business, Finding the Right Funding", http://www.startupnation.com/business-articles/890/1/AT_FindingFundingThatsRight.asp.

FONTES DE CAPITAL NOVO

últimos são uma excelente fonte de financiamento para crescimento novo. As decisões destes investidores se baseiam na própria experiência com pequenas empresas, trazendo para a mesa de negociações uma grande dose de *expertise*.

Os investidores privados com patrimônio líquido elevado têm um particular interesse em financiar empresas jovens prontas para o sucesso no segundo estágio . Em muitos casos, estes investidores fizeram suas fortunas como empreendedores que abriram seu próprio negócio e depois conseguiram um lucro considerável. Eles são capazes de se identificar com o empreendedor de segundo estágio. A motivação deles para financiar pequenas empresas prestes a entrar no segundo estágio de crescimento em geral envolve mais do que o simples retorno sobre o investimento. Muitas vezes eles se comprometem a retribuir para a comunidade das pequenas empresas permanecendo intelectualmente engajados, investindo em ideias promissoras e em equipes gerenciais talentosas.

Esta dinâmica tornou-se um ciclo que reforça a si mesmo, especialmente em certas regiões dos Estados Unidos onde tem havido uma boa dose de sucesso por parte dos empreendedores como Boston, Chicago, Austin, Nova York e a área da baia de São Francisco. Embora existam casos esporádicos de investidores com patrimônio líquido elevado emprestando milhões a uma nova e promissora empresa, o investimento em geral cai na faixa de US$ 100.000 a US$ 1 milhão.

Muitos destes investidores com patrimônio líquido elevado formam grupos para reunir capital para investimento, compartilhando pesquisa, *expertise* em vários setores e risco financeiro. Estes grupos não são difíceis de serem encontrados. Muitos são de setores específicos e terão uma posição de grande destaque dentro desta comunidade. As exigências para se candidatar a um empréstimo e os critérios de investimento por parte deles como, por exemplo, os valores de capital para investimento disponível e metas de receita e lucratividade mínimas, poderão se encontrados em seus sites Web. Há também empresas que se especializam em conduzir empreendedores de segundo estágio para estes grupos, mas é cobrada uma taxa significativa por estes serviços.

Pesquisando-se um pouco e mantendo contatos com outros profissionais da área conhecedores do setor em que você atua, você facilmente poderá manter contato direto com estes grupos. Eles não tentam se manter em segredo.

Pelo contrário, sempre estão buscando oportunidades novas e estimulantes. Dependendo do sucesso de sua startup e solidez de seu plano para crescimento da empresa, será possível você encontrar um indivíduo ou grupo disposto a ouvir a sua apresentação. Depois de sua conversa inicial argumentando na tentativa de vender a sua ideia, estes grupos são capazes de avançarem rapidamente caso estejam interessados.

Como acontece com a maior parte das fontes externas de capital, o principal inconveniente dos investidores com patrimônio líquido elevado está relacionado com custos e controle. Provavelmente os investidores exigirão uma porcentagem de sua empresa em troca do investimento feito por eles, geralmente uma porcentagem *pro rata* da empresa com base no capital investido comparado com o valor para dar início à nova companhia. Na maioria dos casos, eles exigem também uma boa dose de supervisão. Não é incomum um ou mais desses investidores exigirem um lugar no conselho de administração da sua empresa. Na qualidade de membros do conselho, eles terão uma ingerência considerável em todas as decisões referentes à sua empresa.

Caso aceite capital novo desses investidores, é crítico estabelecer regras de participação desde o princípio. Por exemplo, as regras podem exigir a participação do investidor no conselho de administração com direito ou não a voto. Há uma grande variação entre os vários investidores anjos em relação ao formato, nível de detalhes e frequência de comunicação com o grupo investidor no que tange a decisões financeiras e operacionais; saiba de antemão as diretrizes de modo a poder entender quanto tempo você terá que gastar com o seu grupo de investidores. Embora os investidores com patrimônio líquido elevado possam ser grandes parceiros e dividir sua experiência e *insights* do setor concernentes às suas estratégias para o segundo estágio de crescimento, você precisará ser capaz de concordar e conviver com o nível de envolvimento deles em sua empresa antes de aceitar o dinheiro deles.

CAPITALISTAS DE RISCO

Os capitalistas de risco são especializados em empresas jovens que ainda não se firmaram no mercado, com grande potencial mas também alto risco. Eles podem ser indivíduos, grupos ou empresas estabelecidas. Em 2012, de acordo com a National Venture Capital Association, o mercado de capital de risco institucional investiu um total superior a US$ 26 bilhões em mais de 4.000 empresas e cerca de 25% delas recebeu um financiamento pela primeira vez.[11] Os capitalistas de risco apresentam também uma relação risco/sucesso mais alta. Eles têm uma relação de insucesso de 40%, com apenas 20% alcançando suas metas de ROI (taxa de retorno sobre o investimento). A taxa de insucesso de empresas que contaram com o apoio de capital de risco, embora ainda elevadas, é bem melhor do que o consenso geral de que mais de 75% de todos os novos empreendimentos não têm sucesso.

Os capitalistas de risco financiaram a maioria das empresas com as quais podemos associar aos empreendedores que alcançaram o estrelato. Além de todos os exemplos de startups que se tornaram nomes bem familiares (Facebook, Google, Zip Cars, Zappos, CorelDraw Computers, Twitter, etc.), existem literalmente milhares de exemplos de empresas que talvez você nem tenha ouvido falar que passaram da fase inicial do empreendimento para a de segundo estágio e depois a um estágio bem mais alto, todas com capital de risco injetado para o seu crescimento.

PRIVATE EQUITY

As denominações *capitalistas de risco* e *private equity* muitas vezes são usadas como se fossem a mesma coisa. Entretanto, são, na verdade, tipos de investidores diferentes. Conforme já visto, normalmente os

---

[11] Dados de relatório elaborado pela National Venture Capital Association, http://www.nvca.org/index.php?option=com_content&view=article&id=344&itemid=103.

capitalistas de risco investem em novas empresas com risco relativamente alto, mas que eles consideram ter um grande potencial. Em troca do investimento feito, eles exigem uma porcentagem substancial do direito de propriedade sobre esta empresa bem como uma supervisão significativa sobre ela.

Por outro lado, as firmas *private equity* são basicamente organizadas como empresas de investimento. Elas almejam empresas existentes que precisam de capital ou de assistência financeira para crescer ou, em muitos casos, elas acreditam que uma série de empresas similares possam ser combinadas para criar uma empresa maior mais eficiente e mais rentável, em geral denominadas *build-ups* ou *roll-ups*.[12]

Os investidores *private equity* reconhecem que empresas de um certo porte geralmente fazem negócios visando obter ganhos maiores do que as pequenas empresas do mesmo setor. Em troca de capital substancial, em geral elas procuram conseguir o controle majoritário da empresa em questão. Geralmente, o dono original e a equipe gestora atual cedem poder de tomada de decisão final para o sócio *private equity* embora na prática, como operadores, a equipe gestora ainda tenha um controle significativo no dia a dia. O investimento feito por firmas *private equity* é considerado por alguns como o último recurso em termos de fonte de capital para salvar a empresa ou como uma estratégia de "saída" para o dono original do negócio. Muitos veem o investimento feito por firmas *private equity* como uma estratégia muito eficaz para um empreendedor que precise de um sócio bem abastado para financiar uma empresa de crescimento elevado em que será preciso capital significativo para executar o plano de crescimento.

As firmas *private equity* se constituem na opção que oferece acesso ao maior fundo de recursos de capital para investimento de qualquer grupo. De acordo com um relatório de 2012 da Bain & Company, foram lançados mais de US$ 3 trilhões de capital nos livros contábeis de firmas *private equity* institucionais, com mais de um terço deste valor

---

[12] Situação em que várias empresas menores são adquiridas e combinadas para formar uma empresa mais eficiente. Fonte: *Oxford Business English Dictionary*, OUP. Para maiores detalhes refira-se a http://en.wikipedia.org/wiki/Rollup. (N.T.)

FONTES DE CAPITAL NOVO

ainda como *"dry powder"*.[13,14] Embora sejam aquelas com maior disponibilidade financeira, elas também buscam o nível mais agressivo de envolvimento e controle sobre as empresas em que investem.

Os investimentos das firmas *private equity* abrangem literalmente todos os setores de atividade inclusive empresas que estão surgindo agora ou aquelas de médio porte como True Partners Consulting, LA Fitness, Yankee Candle, Miller-Heiman, E-Loan, CHI Overhead Door e Sunrise Senior Living. As firmas *private equity* também foram responsáveis pelo fornecimento de uma quantia significativa de capital para estágios posteriores que foi necessário para praticamente todas as empresas mencionadas anteriormente e que passaram de um estágio inicial para um tamanho significativo ao longo dos últimos vinte anos.[15] Crescer rapidamente exige capital substancial.

Embora exista um bom volume de recursos financeiros disponíveis tanto de capitalistas de risco quanto de firmas *private equity* e eles tenham uma tendência de se movimentar mais rapidamente do que concessores de empréstimo tradicionais, eles não são particularmente criativos no que tange às suas diretrizes de investimento. Em outras palavras, precisaremos nos enquadrar dentro do modelo deles e geralmente eles não estão dispostos a personalizar os seus critérios para investimento.

Cada empresa possui o seu próprio critério em relação ao volume de investimentos, os setores a serem favorecidos, receita mínima e EBITDA (lucro antes dos juros, impostos, depreciação e amortização) projetados bem como modelos operacionais aceitáveis.

Por exemplo, algumas empresas gostam apenas de recorrer a modelos de receitas que sejam altamente resistentes a recessões. Outras investem exclusivamente em setores específicos, como tecnologia ou assistência médica. Outras desenvolvem temas de investimento como

---

[13] No mundo financeiro este termo é usado para se referir às reservas de caixa de uma dada empresa, particularmente durante períodos econômicos difíceis. http://www.investopedia.com/ask/answers/08/dry-powder.asp. (N.T.)

[14] Dados do relatório anual da Bain & Co. sobre private equity, http://www.bain.com/bainweb/publications/global_private_equity_report.asp.

[15] Dados de um relatório de propriedade reservada de 2012 da Robert W. Baird & Co.

"infra-estrutura" ou *"big data"*.[16] Trata-se de um mundo de grandes apostas que não admite desleixo. Você deve fazer a sua lição de casa, conhecer suas opções e estar preparado para abdicar de parte ou da maior parte do controle de sua empresa em troca de capital suficiente para crescimento.

Caso seja a sua primeira vez no âmbito da busca de capital para investimento de alto nível, esteja pronto para os grandes obstáculos. A maioria destes investidores profissionais quer apoiar empreendedores que já conquistaram um sucesso razoável em um empreendimento bastante similar. Esta condição torna sua vida particularmente difícil, como empreendedor de segundo estágio, a menos que sua startup tenha sido extremamente lucrativa, já tenha crescido rapidamente ou esteja em um setor aquecido em que os investidores querem entrar ou expandir a sua participação. Eles também irão querer coinvestir pessoalmente como precondição para o próprio investimento deles. Se você não se encontra em condições de assinar um cheque com seis dígitos, trabalhar com esses investidores profissionais pode ser difícil.

Esteja pronto para exames minuciosos de tudo que você faz. Telefonemas e/ou reuniões mensais detalhadas bem como reuniões trimestrais formais do conselho são uma prática comum. A preparação para estas reuniões toma bastante tempo e você terá que dedicar pelo menos dois dias por mês para preparação e travar conversações com o seu investidor *private equity* ou de capital de risco.

No caso tanto de investidores *private equity* como de capital de risco, talvez o aspecto mais difícil para você como empreendedor continua a ser a perda de controle sobre a empresa que você construiu. Para muitos empreendedores esta perda de controle muitas vezes é um impedimento para continuação do negócio. Para outros isto é visto como uma troca de interesses justa para obtenção do capital necessário para financiar um rápido crescimento. Embora seja possível manter um controle significativo, isto pode ser complicado. Em geral, você

---

[16] Termo abrangente para qualquer coleção de conjuntos de dados de tamanho e complexidade tais que tornam difícil processá-los usando-se as aplicações de processamento de dados tradicionais. Fonte: http://en.wikipedia.org/wiki/Big_data. (N.T.)

FONTES DE CAPITAL NOVO

precisará de uma empresa que já tenha alcançado uma escala relativamente considerável e esteja buscando capital para crescimento que, no total, seja inferior a 50% da avaliação de sua empresa no momento.

Entretanto, mesmo em casos em que o fundador da empresa detenha um controle significativo, provavelmente devem constar do contrato de investimento cláusulas que ativam a perda de controle caso certas métricas financeiras não sejam atendidas. Prever resultados financeiros com alguma certeza ao longo de um extenso período certamente não é uma tarefa fácil e aquilo que parece ser uma remota possibilidade pode se transformar em realidade caso o mercado ou as condições econômicas mudem.

Pouco antes do aprofundamento da crise financeira ter se tornado evidente no final de 2008, minha empresa estava passando por dificuldades para sobreviver como muitas outras. Antes da queda nas Bolsas, 50% de nossas receitas provinha de empresas de serviços financeiros globalizadas. No curso da segunda metade de 2007, este fluxo de receitas foi corroído significativamente.

Na noite de Natal daquele ano, recebi um telefonema de meu sócio *private equity*. Ele havia analisado todos os relatórios e sabia que estavam se formando "nuvens de uma tempestade econômica" embora não soubéssemos na época o quão ruim ela finalmente seria. A conversa foi breve e bem objetiva. "Dan, eu te liguei apenas para relembrá-lo que a única coisa que me importa, e também para meus sócios, a única coisa mesmo, são os resultados financeiros", disse ele. "Por sinal, Feliz Natal." Em seguida, ele desligou. Estou falando sério, a conversa foi assim mesmo. Não havia nada de novo naquilo tudo e foi uma conversa amigável, mas ela deixou bem claro que embora os investidores profissionais possam se preocupar com você e o seu bem-estar, aquilo em que eles realmente estão focados é no desempenho financeiro de sua empresa em relação ao plano que foi acordado quando do momento do investimento.

Investimento não é um *hobby* nem um passatempo para essas pessoas. Milhões de dólares em fundos de investimento estão em jogo e a capacidade de gerar lucro para cada sócio-investidor é a única meta.

Portanto, desde que você entenda que esta é a expectativa e desde que você seja capaz de apresentar resultados positivos de acordo com o acordado, os investidores irão trabalhar ao seu lado. Se por qualquer motivo você não for capaz de atingir os resultados esperados, estará correndo risco de eles optarem por cortar seus prejuízos e, ou você ou a sua empresa, talvez não consiga resistir.

Entretanto, dificuldades à parte, a injeção de capital externo pode ser o único grande fator para acelerar o segundo estágio de crescimento. Apresentamos abaixo duas histórias de sucesso envolvendo duas fontes diversas de financiamento.

FOUNDERS BREWING COMPANY

Um dos exemplos mais fascinantes de como o financiamento externo pode viabilizar o segundo estágio é a Founders Brewing Co. No momento a Founders Brewing é a cervejaria que mais cresce nos Estados Unidos. Durante os dez primeiros anos de existência da empresa, seus proprietários passaram maus bocados para manter um fluxo de capital adequado para manter a empresa funcionando. A empresa quase faliu em mais de uma ocasião. Dave Engbers, um de seus fundadores, lembra dos dias em que tinha que ficar driblando credores e tentando conseguir novos cartões de crédito.

Assim como muitas empresas pequenas incapazes de concretamente obterem uma linha de crédito comercial de uma instituição financeira, Engbers e seu cofundador tiveram que recorrer a seus cartões de crédito pessoais a despeito dos elevados custos dos juros acima dos 10%. Assim que conseguiam um novo cartão, seu limite de crédito logo seria exaurido na compra de malte de cevada, lúpulo, materiais para embalagem e para pagar a conta de luz. Muitas vezes ele e seu cofundador, Mike Stevens, não eram capazes nem de retirar seus pró-labores.

Finalmente, depois de dez anos no mercado, eles haviam exaurido os limites de recursos de amigos, familiares e de seus cartões de crédito

FONTES DE CAPITAL NOVO

pessoais. O banco estava exigindo o pagamento do empréstimo que eles haviam conseguido assegurar anos atrás e o locador de Engbers ameaçava despejá-lo. Era um quadro nefasto. Entretanto, sendo essencialmente um fabricante, a Founders possuía alguns ativos valiosos. Os donos da empresa tinham a esperança de que os bancos veriam uma possibilidade de garantia através destes bens e emprestarem a eles o capital que precisavam. Mas como os lucros eram difíceis de serem alcançados e nenhum dos dois proprietários tinha recursos pessoais para garantir um novo empréstimo, esta opção também estava fora de cogitação.

Dave também lembra muito bem daquilo que ele se deu conta naquela época crítica. Os bancos e as instituições financeiras tradicionais são ávidos por ajudar as empresas que menos precisam.

Os investidores *private equity* não figuravam entre as opções de financiamento da Founders já que Engbers e seu sócio não acreditavam que o modelo de negócios tivesse escala suficiente ou tivesse dado provas suficientes para atender as exigências deste tipo de investidores. Da mesma forma, eles sabiam que se eles conseguissem de fato capital dessas fontes, estariam perdendo o controle da empresa.

No minuto final, a cervejaria que passava por extremas dificuldades foi salva por dois investidores com patrimônio líquido elevado e alguns poucos coinvestidores que acreditaram que a Founders Brewing Co. tinha algo único e especial. Os investidores ficaram impressionados com a dedicação inquebrantável de seus proprietários, de seu desejo de sacrificarem tudo em prol dos produtos em que eles acreditavam. Um dos investidores, em troca de uma participação acionária na empresa, garantiu pessoalmente a dívida bancária existente. Outro pagou os aluguéis atrasados. Tais investidores forneceram um adicional de US$ 4 milhões para financiar uma mudança para um novo local e para revigorar a linha de produtos da empresa. Esta injeção de capital de giro deu tempo suficiente para Dave e Mike executarem seu novo plano de negócios.

Hoje a Founders Brewing Co. vive um enorme sucesso. Este sucesso possibilitou à Founders Brewing anunciar, no início de 2013, a abertura de uma nova fábrica no valor de US$ 26 milhões para poder atender a crescente demanda pelos seus produtos, a expansão do bar e de sua área externa com mesinhas para atender os clientes bem como um centro de treinamento.[17] E hoje, a empresa atingiu crescimento suficiente em termos de receitas e lucros a ponto de alavancar empréstimos bancários para subsidiar a expansão.

AXIOM SFD

A AXIOM SFD é uma empresa de treinamento e desenvolvimento de equipe de vendas com sede em Dallas. Em 2009, Bob Sanders voltou para a empresa onde havia trabalhado como sócio por treze anos. Desta vez ele voltou à empresa na condição de presidente. O seu mandato se destinava explicitamente a reestruturar a empresa, passando de um modelo de treinamento em vendas passivo em sala de aula para uma empresa de ponta que oferecesse um misto de treinamento em sala de aula e treinamento *on-line* via Web bem como uma vasta biblioteca de conteúdo e de ferramentas de aprendizagem tanto para os vendedores como para seus gerentes.

Entretanto, Bob tinha alguns desafios a serem enfrentados. A empresa não tinha capital suficiente para completar o desenvolvimento da plataforma com nova tecnologia. Além disso, o fundador original da empresa queria retirar algum dinheiro e reduzir seu porcentual de participação na empresa.

Na visão de Bob ele tinha duas opções. Ele poderia continuar a investir fluxo de caixa livre para financiar as melhorias tecnológicas necessárias e, ao mesmo tempo, manter reservas suficientes como forma de proteção com liquidez no caso de a economia retornar a uma condição de recessão. Este é um procedimento de balanceamento capcioso para qualquer pequena empresa e todos nós recordamos do clima de negócios extremamente difícil resultante da crise financeira em

---

[17] Garret Ellinson, "Founders Brewing Plans Taproom Expansion", Grand Rapids Press, 27/fev/2013, http://www.mlive.com/business/west-michigan/index.ssf/2013/02/founders_taproom_expansion.html.

FONTES DE CAPITAL NOVO

2008-2009. Além disso, o tamanho e o lucro atuais da empresa realmente não forneciam capital adequado para que Bob possa executar o plano de crescimento que ele julgava ser correto para capitalizar a oportunidade de mercado que se apresentava a ele. A outra alternativa era a injeção de capital externo, seja através de um banco tradicional ou de um financiamento "mezanino". Mas a AXIOM SFD ainda era muito pequena para atender as exigências desta categoria de concessor de empréstimo e, acima de tudo, o banco não era capaz de atender o desejo de uma certa liquidez por parte do dono original.

Para avaliar completamente suas opções, Bob contratou um consultor financeiro que sugeriu que ele tentasse firmas *private equity* que poderiam se interessar pelo seu novo modelo de negócios. Com um novo plano de negócios em mãos, Bob e seu consultor abriram uma firma *private equity* adequada a um modelo de capital de crescimento e assim fizeram um acordo. Esta empresa, a Evolution Capital Partners, com sede em Cleveland, Ohio, na verdade existe para financiar empresas que atingiram o segundo estágio. Como parte do acordo com a Evolution, o fundador original da AXIOM SFD recebeu um pagamento em dinheiro relativo ao seu percentual do valor estabelecido pela companhia na época da injeção de capital do novo investidor. Bob recebeu capital novo suficiente para financiar a nova tecnologia, criar a organização de vendas e executar um novo plano de marketing. No final, o financiamento através de participação societária foi a melhor opção para a AXIOM SFD. A contrapartida foi que o sócio *private equity* agora detém o controle majoritário da empresa.

Se a empresa for bem-sucedida na execução do novo plano, o capital externo tornará possível transformar a empresa, acelerar o crescimento em mais de 400% nos próximos cinco anos, aumentar a participação no mercado e criar riqueza para várias pessoas dentro da companhia. Este último aspecto, o potencial de gerar riqueza para um grupo maior de funcionários do que apenas para os dois fundadores, era uma parte extremamente importante do processo de decisão de Bob. Se a AXIOM SFD for capaz de executar seu plano, boa parte da equipe se dará bem.

PALAVRAS FINAIS

Para uma empresa atingir o hipercrescimento no segundo estágio e depois disso, é raro não haver a necessidade de grandes injeções de capital. Investir os lucros obtidos em desenvolvimento ou tirar proveito da boa vontade de amigos e familiares não irá conduzi-lo a isto. Os concessores de empréstimo tradicionais e o financiamento de dívida podem levar muito tempo e exigir parâmetros financeiros que sua empresa provavelmente não terá condições de atingir mesmo numa condição de startup de sucesso. Capital de risco e investidores privados podem ser uma opção bastante prática. E embora essa opção não seja para qualquer um, os capitalistas de risco e as firmas *private equity* podem funcionar bem em certas situações.

De modo a poder encontrar um sócio investidor com grande disponibilidade financeira, você precisará criar um novo plano de negócios que defina claramente o seu cronograma, seus objetivos estratégicos e a taxa de crescimento desejada. Em seguida se inicia a procura por capital. Nenhum método é perfeito. Independentemente de envolver investidores privados com patrimônio líquido elevado , capitalistas de risco ou firmas *private equity*, cada metodologia se resume essencialmente em uma troca de taxa de crescimento por um controle sobre a empresa. Não dá para filar boia.

Capítulo 3

INSTALAR UM CONSELHO DE ADMINISTRAÇÃO

EMPREENDEDORES SÃO PESSOAS NÃO CONVENCIONAIS E INDEPENDEN-TES. Muitos deles abandonaram o mundo corporativo para perseguir seu sonho de abrir o seu próprio negócio. Eles se dedicaram de corpo e alma (e colocaram dinheiro) em suas novas empresas e a transformaram em sucesso. Eles estão acostumados a estabelecer suas próprias regras, fazer as coisas do jeito deles. A última coisa que querem é ter que ouvir um conselho de administração dando recomendações sobre o que eles devem ou não fazer, não é mesmo?

Errado.

O empreendedorismo de segundo estágio requer uma nova maneira de pensar no futuro de seu negócio. Seu objetivo é expandir a empresa bem além do estado em que se encontra atualmente. Isso exigirá recursos e *expertise* que muito provavelmente você não possui. Você precisará de conselhos de uma série de indivíduos com contatos adicionais e uma ampla gama de habilidades diferentes das suas e que compartilhem da mesma ideia de levar a sua empresa para o estágio acima. Será preciso instalar um conselho de administração.

Um conselho de administração é capaz de fornecer *expertise*, experiência, contatos, supervisão relevantes e complementares e, muitas vezes, fontes de capital novo. Em uma grande sociedade de capital aberto, por lei é exigido um conselho de administração e de pleno direito. O conselho governa a empresa e tem autoridade para tomar as decisões fundamentais que orientam a empresa. O conselho de administração aprova os membros da diretoria desde o CEO até os cargos responsáveis por administrar a empresa no dia a dia. Ele deve prestar contas aos acionistas da empresa e tem como obrigação proteger os interesses destes.

Em uma sociedade de capital fechado, assumindo-se que exista um conselho, a estrutura e o papel de governança do conselho variam enormemente. Na maior parte dos casos, o conselho de administração é uma equipe confiável de conselheiros que ali se encontram para defender os interesses da empresa. A autoridade final para qualquer decisão em geral recai sobre o fundador da empresa e seus sócios. Um conselho proativo fornece orientação e ideias para que a diretoria atue de forma mais efetiva. Isto é particularmente importante no impulso para o segundo estágio de crescimento. Imagine-o como um *guardrail* na estrada para o sucesso. Um conselho qualificado existe para garantir que mesmo quando você raspe nos *guardrails* de vez em quando, não será jogado para fora da estrada.

Quanto mais ambicioso for o empreendedor, mais cedo ele se dará conta do valor de criar um conselho. De fato, os próprios investidores exigem da maioria das startups apoiadas por investidores anjos ou empresas de capital de risco que elas criem um conselho assim que a empresa for aberta. Ter um conselho de administração indica a abertura de uma empresa sólida e pode atrair novos recursos e clientes de grandes empresas.

Por exemplo, no caso da Founders Brewing Co., seus fundadores originais chegaram à conclusão de que em geral eles tomavam decisões baseadas fundamentalmente no próprio instinto. Eles conheciam tudo sobre como obter uma excelente cerveja. Porém, assim que eles começaram a crescer, a empresa se tornou bem mais complexa. Eles se viam diante de decisões complicadas em assuntos como cadeia de suprimento, bens imóveis, logística e distribuição multinível. Eles eram suficientemente inteligentes para perceber que eles não tinham conhecimento ou experiência suficiente para tomar as melhores decisões. Logo, eles decidiram criar um conselho de administração .

Alguns dos indivíduos que eles nomearam eram investidores profissionais com participação acionária cuja experiência financeira era vital para os objetivos de crescimento deles. Eles recrutaram um executivo do setor moveleiro, o presidente de uma construtora, uma pessoa com grandes conhecimentos na área de marketing, um incorporador bem-sucedido e finalmente, mas não de somenos importância, o pai de Dave Engber, que além de ter sido um executivo bem-sucedido conhecia a história da empresa desde seu princípio. Cada membro do

INSTALAR UM CONSELHO DE ADMINISTRAÇÃO 57

conselho trouxe consigo conhecimentos e habilidades únicos, os quais a empresa iria precisar para crescer. Numa nota final, gostaria de frisar que três dos membros do conselho posteriormente acabaram se integrando à empresa em tempo integral.

A COMPOSIÇÃO DO CONSELHO

Você precisará reunir uma lista das habilidades, *expertise* e experiência específicas que busca nos membros do conselho. Ao compilar sua lista de qualidades desejadas para o conselho também é bom envolver sua diretoria ou sócios.

Algumas qualidades dos possíveis candidatos ao conselho são:

- conhecimento de administração financeira
- conhecimento de estratégias financeiras e do mercado de capitais
- acesso a fontes de capital
- familiaridade com os dispositivos legais e as normas governamentais
- conhecimento do seu setor de atividade
- conhecimento funcional de aspectos-chave da empresa como vendas, marketing, operações, pesquisa e desenvolvimento
- contatos no setor
- localização

Estas qualificações poderiam soar um tanto fortes para o seu primeiro conselho de administração. Talvez seja verdade. Mas esteja seguro que cada um desses atributos irá ajudar no crescimento de seu negócio. Embora nenhum membro específico do conselho de administração seja capaz de ter todas essas qualidades, certamente você será capaz de reunir um grupo de candidatos que possuem a maior parte delas. Da mesma forma que no processo de contratação de novos funcionários, é importante priorizar quais atributos são mais importantes para o tipo de conselho que você deseja para a sua empresa.

Por exemplo, o acesso a capital novo talvez funcione como um trunfo, solucionando algumas das demais preocupações no seu caminho para o segundo estágio de crescimento e você tem a expectativa de recrutar um membro capaz de contribuir neste aspecto. Caso pretenda montar uma equipe de vendas, experiência anterior em expandir uma organização de vendas e no estabelecimento de processos para gestão das vendas talvez sejam as qualidades fundamentais. A ideia é montar uma equipe em que as habilidades de cada membro do conselho complementem-se entre si e a soma delas seja maior do que suas parcelas.

Além da experiência e habilidades "técnicas" específicas é importante considerar o fator humano ao recrutar membros para o conselho de administração. Os candidatos precisam estar aptos a se adaptarem à cultura da empresa e ter os mesmos objetivos que os seus. Eles passarão boa parte do tempo com você, sua diretoria e o restante do conselho, de modo que os membros precisam se dar bem com o grupo.

Cada empresa é única. É crítico ter membros do conselho de administração que compreendam a natureza essencial da empresa e seus objetivos de curto e longo prazo. Com o passar do tempo, um bom membro do conselho de administração passa a ter um entendimento bem profundo da missão, estratégia, plano operacional e cultura da empresa. Os membros do conselho também passarão a conhecer as pessoas-chave dentro da companhia além do CEO e da diretoria. Os membros do conselho de administração mais eficientes investem tempo em ganhar uma percepção sobre aqueles que trabalham na empresa. Aprofundar-se um pouco mais nas atividades do dia a dia dá poder para o conselho ajudar a diretoria na moldagem de importantes iniciativas como questões de política da empresa, seleção de pessoal, desenvolvimento empresarial e o uso eficiente de recursos.

RECRUTAMENTO DE UM CONSELHO

A partir do momento que você decide instalar um conselho de administração e estiver de acordo quanto a uma lista de critérios que você deseja que seus membros possuam, como fazer para recrutá-los? Con-

INSTALAR UM CONSELHO DE ADMINISTRAÇÃO

tatos pessoais? Agências ou associações profissionais? Boca a boca? Telefonemas de surpresa ou visitas sem combinação prévia? Todas as opções anteriores?

Grandes empresas contratam empresas de recrutamento e seleção de executivos para lidar com estas buscas. Certamente este método funciona bem, porém, não sem uma despesa considerável. O melhor método para a sua pequena empresa em fase de crescimento é utilizar a sua rede de contatos profissionais. Da mesma forma que você teve que encontrar grupos de investidores, você precisará de conselhos de pessoas, tanto daquelas pertencentes ao seu setor de atividade quanto aquelas fora dele. Contadores, advogados, consultores, profissionais de firmas *private equity* e executivos de bancos de investimento têm relação com indivíduos que poderiam ser candidatos adequados. Há chances de algumas pessoas que você conhece ou tenha encontrado em círculos empresariais poderem ser possíveis candidatos ou conhecerem pessoas que talvez você possa abordar.

Há também uma série de organizações de *networking* que você pode ingressar por um baixo custo ou nenhum e que possuem uma lista de indivíduos adequados. Por exemplo, em Chicago há uma organização chamada Boardroom Bound. Esta organização identifica e desenvolve candidatos a conselhos de administração. Ela possui um banco de dados de indivíduos diversos e altamente qualificados de vários setores diferentes que expressavam um grande interesse em participar de algum conselho de administração.

Se sua empresa for local em seu foco, provavelmente faz sentido recrutar membros de conselho que vivam em uma área próxima da sua empresa. Isto simplifica as coisas. Entretanto, se sua empresa for de alcance nacional ou internacional em seu foco ou operações, então ter indivíduos fora da região de sua empresa faz sentido. Um bom conselho também deveria ser um grupo mais diverso possível. A diversidade não apenas ajuda a captar toda a gama de questões de sua base de clientes e do mercado como um todo, ela também inspira um pensamento mais expansivo sob uma série de perspectivas.

Não existe nenhuma regra geral estabelecida para o tamanho ideal de um conselho. Já vi conselhos pequenos formados por três ou quatro indivíduos funcionar bem. Também constatei parte de um conselho extremamente eficaz com mais de dez membros. O tamanho do conselho depende da diretriz necessária para acelerar a sua empresa para ser bem-sucedida nesta transição para o segundo estágio. Um sólido objetivo para a maioria das pequenas empresas é montar um conselho com quatro ou seis membros externos. Este número lhe dará força intelectual e *expertise* empresarial suficientes para orientar o CEO e a diretoria para crescimento de sua empresa.

REMUNERAÇÃO DO CONSELHO

Para a maioria dos indivíduos que concorda em fazer parte de um conselho de uma pequena sociedade de capital fechado, a remuneração normalmente não é sua principal motivação.

Talvez eles achem instigante a estratégia e a missão da empresa e desejem fazer parte da história e ajudar a turbinar o potencial para o sucesso. Quem sabe eles já tenham alcançado o sucesso e acumulado riquezas suficientes para se aposentar, mas querem se manter ativos na qualidade de conselheiro. Talvez eles sejam investidores na empresa e queiram se certificar que seus interesses estão sendo protegidos. Entretanto, independentemente de qual seja a motivação pessoal de um possível membro do conselho, todos eles são profissionais de negócios e a questão da remuneração pelo tempo e serviço deles precisará ser resolvida.

Como se pode imaginar, há dezenas de maneiras de se estabelecer uma remuneração. Independentemente de quais sejam os recursos disponíveis da empresa, um dos fatores mais importantes é a extensão do comprometimento que se exige dos membros do conselho de administração. Terão eles poder de decisão e de voto ou funcionarão como conselheiros fidedignos mas sem direito a voto? De quantas reuniões formais eles terão que participar? O serviço prestado por eles exigirá tempo de viagem? E quem irá pagar por isso? Qual a quantidade de conselhos eles terão que dar e que forma eles assumirão? Você precisará decidir o escopo das responsabilidades do conselho e o pacote

INSTALAR UM CONSELHO DE ADMINISTRAÇÃO

apropriado que você pode oferecer? Em geral, a remuneração é um tópico que será incluído nas conversações de recrutamento. Todos os membros do conselho devem receber a mesma remuneração pelos seus serviços, já que isso ajudará a evitar conversações possivelmente embaraçosas quando detalhes dos arranjos feitos com os membros do conselho forem conhecidos.

Além do valor do pacote remuneratório, a forma de remuneração também é uma decisão importante. Por exemplo, se sua empresa for uma startup ou estiver ativamente engajada no segundo estágio de crescimento, um pacote envolvendo pagamentos em dinheiro talvez não seja prático. Capital é uma *commodity* preciosa especialmente quando você estiver planejando crescer. Até mesmo uma taxa por reunião ou um estipêndio anual pode consumir grande parte de seu orçamento.

Ações é uma abordagem mais comum e mais barata de remuneração para novas empresas. Elas não exigem desembolsos e alinham os interesses dos membros do conselho de administração com aqueles da diretoria que está tentando criar valor acionário significativo ao longo do tempo. Uma participação típica para um membro do conselho de uma sociedade de capital fechado de tamanho modesto é de 0,5% a 1,0% das ações ordinárias, podendo tipicamente exercer este direito em três ou quatro anos. Se os cronogramas de aquisição de direito a ações da companhia já estiverem em andamento para a diretoria, você deve usar os mesmos cronogramas de amortização para os membros do conselho de administração. O porcentual de distribuição de ações pode variar inversamente dependendo do tamanho de sua empresa.

As sociedades de capital aberto oferecem pacotes de benefícios bem mais interessantes para os membros do conselho do que aquele citado acima. Por outro lado elas exigem dedicação maior do que aquela exigida por uma pequena empresa, além do risco real embutido. Não obstante, certifique-se de levar isso em consideração caso esteja visando candidatos que já ocupem cadeiras em conselhos de administração de sociedades de capital aberto. Muito provavelmente você enfrentará dificuldades tentando recrutá-los caso a remuneração seja o motivo principal para eles aceitarem participar do conselho de sua empresa.

EMPENHO DO CONSELHO

A partir do momento em que já tiver seu conselho funcionando, será necessário encontrar a melhor maneira de interagir com seus membros, tanto de forma individual quanto coletiva. Uma comunicação oficial consistente e regular juntamente com eventos são a prática mais indicada para manter o conselho informado, empenhado e motivado para defender os interesses de sua companhia.

As comunicações formais podem assumir a forma de reuniões mensais ou trimestrais durante as quais o conselho se reúne com a diretoria para discutir o desempenho do período anterior, ter uma perspectiva para o período seguinte e, o mais importante, algumas das decisões-chave que a empresa deve tomar concernente ao crescimento futuro.

Estas reuniões formais precisam ser tratadas como tal. O comparecimento a estas reuniões deve ser uma exigência a ser cumprida. Cada reunião deve durar pelo menos a metade de um dia. Dada a atual sofisticação da tecnologia de reuniões virtuais, você precisará decidir se a presença física se faz realmente necessária. Em minha opinião as reuniões face a face são de longe preferíveis. Certifique-se de arranjar um local adequado para realização das reuniões. Se os membros do conselho estiverem localizados a uma certa distância do local da reunião, devem ser levados em consideração os arranjos de viagem.

A frequência das reuniões do conselho depende das pessoas que participam do conselho, da disposição e disponibilidade de tempo delas e das necessidades de sua empresa. O padrão tende a ser o de reuniões trimestrais. Em uma empresa que atingiu o segundo estágio de crescimento, as coisas podem mudar rapidamente e uma reunião trimestral talvez não seja suficiente para atender rapidamente as necessidades imediatas. Se a empresa estiver crescendo rapidamente, a melhor prática talvez seja uma combinação de reuniões presenciais trimestrais com reuniões estratégicas mensais via teleconferência ou Skype para resolver as questões prementes em tempo real. A diretoria e o conselho precisam decidir o que funciona melhor para a empresa em questão.

INSTALAR UM CONSELHO DE ADMINISTRAÇÃO

É importante que a diretoria (e os membros do conselho de administração) se preparem adequadamente para as reuniões do conselho. A diretoria deve gerar uma agenda e apresentações escritas para todas as reuniões de conselho, sejam elas face a face, por telefone ou via tecnologia de tela virtual. Não tente abranger muitos tópicos em uma única reunião. Os materiais de apresentação para as reuniões devem ser entregues antecipadamente para cada membro do conselho. Estes devem ser o suficientemente compreensíveis para que cada membro do conselho seja capaz de entender as questões em pauta, possa formular perguntas e vir para a reunião totalmente preparado para discuti-las completamente. Estes materiais para os conselheiros devem ser no ponto justo e sucintos. Poucos membros têm o tempo ou a disposição necessários para digerir uma apresentação de 60 *slides* no *PowerPoint*.

O objetivo de se reservar meio dia para uma reunião de conselho trimestral é o de oferecer tempo suficiente para cobrir alguns tópicos de maneira relativamente detalhada de modo a atingir o âmago das questões em pauta. Dessa maneira, a discussão e a análise têm muito mais chances de chegarem ao cerne da questão e oferecerem soluções concretas para a diretoria.

Telefonemas mensais são de natureza mais tática, em geral para rever o progresso com relação ao plano financeiro e operacional anual e para discutir ações corretivas para problemas específicos que surjam no período entre as reuniões trimestrais.

Os eventos e as discussões informais também são muito importantes sob vários aspectos, talvez até mais do que as sessões formais. Encontros sociais informais como um jantar ou um *happy hour* com a participação da diretoria e membros do conselho, se possíveis de serem realizados em termos de localização, servem para consolidar relações. Um telefonema, um *e-mail* ou contato via Skype ocasionais também ajudam a criar uma sensação de colegialidade. Outros eventos informais como festas de fim de ano da empresa ou uma visita anual aos escritórios ou fábricas ajudam o conselho a entender melhor as atividades da empresa e a se encontrar com o seu *staff*. Certifique-se que o conselho esteja ciente de ter acesso a você e à sua diretoria para fazer perguntas ou tecer um comentário informal. Estar em contato é a melhor forma de frisar a importância dos membros do conselho para a empresa e o seu futuro.

Talvez isso lhe pareça tomar muito tempo, mas você verá que é tempo bem empregado. O conselho de administração é parte integrante de sua empresa. Você escolheu cuidadosamente os seus membros e quer ter certeza de que eles estão trabalhando a plena capacidade para defender os interesses de sua empresa. Esforçar-se para mantê-los no circuito, solicitar suas ideias e opiniões e considerar seriamente a *expertise* empresarial deles, são todos fatores que servirão para impulsionar a sua empresa e fazê-la crescer.

HISTÓRIAS DO CONSELHO DE ADMINISTRAÇÃO

Cada uma das empresas em que tomei parte ou abri, lançou mão de capital semente de firmas *private equity*. O estabelecimento de um conselho de administração foi uma das condições para o financiamento; portanto, nós já tínhamos um conselho montado desde o dia em que abrimos nossas portas. Inicialmente o conselho de administração era composto por um CEO e vários indivíduos oriundos de firmas *private equity* ou de capital de risco. Quando a empresa estabeleceu massa crítica e o modelo de negócios começou a se mostrar confiável, decidimos expandir o conselho e recrutar novos membros cuja experiência preenchia algumas lacunas que existiam entre a diretoria e os membros do conselho provenientes da firma *private equity*. Por exemplo, na Alternative Resources Corporation, adicionamos um executivo da Johnson Wax Company com experiência significativa em marketing, pois queríamos acrescentar conhecimento deste aspecto à empresa. Também colocamos um ex-executivo de vendas da Xerox, já aposentado, mas que tinha uma longa carreira na liderança de organizações de vendas de grande porte.

No Parson Group, criar um conselho formado por grandes estrelas foi parte da estratégia para dar credibilidade à marca da empresa e para auxiliar uma diretoria jovem e relativamente inexperiente. Esta estratégia de recrutamento, embora exigindo um investimento signifi-

INSTALAR UM CONSELHO DE ADMINISTRAÇÃO

cativo, mostrou-se de inestimável valor no processo de aceleração do crescimento. Quando contatamos nossos principais alvos de clientes para nossa empresa, ou seja, seus diretores financeiros, apresentamos as credenciais de primeira linha de nosso conselho de administração como evidência de que se a Parson tinha o apoio de titãs do setor, os serviços oferecidos por ela eram impecáveis e eles estariam correndo riscos mínimos ao decidirem usar uma startup em uma área crítica de suas empresas.

Também usamos como fator de alavancagem as habilidades, os contatos e a experiência desses calejados membros de nosso conselho, envolvendo-os em conversas informais dentro de suas agendas. Um dos membros do conselho, professor da Harvard Business School, chamado Gary Loveman, me chamava para conversar quase todo sábado à tarde. Esta era a melhor hora para ele e, certamente, foi-me muito útil também.

Um outro membro do conselho me convidava para tomar um café em sua casa uma vez por mês e ficávamos por algumas horas falando sobre a empresa e o meu desempenho na sua direção. Na época, esta pessoa em particular, Don Perkins, também era membro dos conselhos de administração da AT&T, Time Warner, Cummins Engine e Putnam Funds. Eu era muito grato por ter a oportunidade de conversar regularmente com uma pessoa tão experiente e capaz que também havia sido presidente e CEO de um dos maiores varejistas dos Estados Unidos no setor alimentício.

Os outros dois membros que por acaso eram copresidentes do conselho do Parson Group tinham vários contatos em uma série de setores de atividade e eram particularmente muito bem relacionados em Chicago. Esses dois membros do conselho, Jeff Louis e Sam Chapman, se tornaram figuras de destaque da empresa e participaram praticamente de todas as sessões de treinamento e de gestão que realizamos para o *staff*. Eles conheciam pelo nome praticamente todas as pessoas da empresa. Além de fornecerem capital inicial para a empresa quando de sua abertura, eles reforçaram a cultura que construímos e de pleno direito merecem grande crédito por parte do sucesso que atingimos.

Apesar do gabarito e agendas lotadas deles, nossos membros do conselho concordaram em tomar parte de um experimento. Cada um dos membros se ofereceu para funcionar como mentor para um dos membros de nossa diretoria. Eles teriam uma reunião mensal regular com seus "orientandos" e estariam disponíveis para esta pessoa (por telefone) durante o horário do expediente. Encorajamos nossa diretoria a tirar proveito do grande conhecimento e experiência dos membros do conselho para melhorar seus desempenhos e buscar quaisquer possibilidades de *networking* que eles ofereciam para alargar nossa base de clientes. Além de ser de real valor para cada um dos diretores, esta postura tinha o benefício adicional de dar aos membros do conselho um *insight* maior sobre a estratégia e as atividades da empresa.

No capítulo anterior mencionei a Shiftgig. Assim que a Shiftgig fechou o financiamento *Series A*, Eddie Lou também tomou a decisão de criar um conselho de administração. As condições de financiamento não exigiam isso. Eddie, com sua experiência com capital de risco, também é versado nas vantagens que um bom conselho de administração pode oferecer e decidiu que sua empresa se beneficiaria enormemente criando logo um conselho de administração. O conselho da Shiftgig incluía alguns nomes de peso do setor de tecnologia, entre os quais o CEO da Math.com, Sam Yagan, Brian Spaly, CEO do distribuidor de vestuário masculino Trunk Club, com sede em Chicago e Ken Pelletier, ex-diretor de tecnologia do Groupon; este último atuando como consultor técnico.

Entretanto, essas pessoas não são escolhidas por seus "grandes nomes". Pelo contrário, cada um dos membros do conselho foi escolhido para preencher uma função necessária para ajudar a diretoria da ShiftGig capitalizar a oportunidade de mercado que eles acreditavam estar diante deles.

Sam Yagan abriu e expandiu três empresas de Internet diferentes. Ele tem um ponto de vista bem sedimentado de como conseguir rápido crescimento neste espaço. Além disso, ele havia sido bem-sucedido em levantar capital para essas empresas sem ter que recorrer ao mercado institucional, preferindo sócios investidores privados com patrimônio líquido elevado e investidores anjos. Brian Spaly havia aberto e expan-

INSTALAR UM CONSELHO DE ADMINISTRAÇÃO

dido dois negócios no varejo *on-line*. Diferentemente da abordagem de Sam, Brian capitalizou suas empresas através de financiamentos de investidores de risco institucionais. Brian também é uma espécie de especialista no mundo das vendas, uma área de *expertise* que Eddie queria reforçar. Ken Pelletier, como ex-diretor de tecnologia do Groupon, uma das empresas de crescimento mais rápido na história empresarial, manja horrores sobre a construção e a expansão de infraestruturas tecnológicas em situações de elevado crescimento. Sean Casey, atualmente um dos cofundadores da Shiftgig e também seu Diretor de Tecnologia, também está a bordo. Sean tem experiência prévia em abrir uma empresa de tecnologia.

Eddie lhe dirá que reuniu seu conselho de forma meditada e cuidadosa para oferecer *expertise* em três áreas. Ele queria ajuda e experiência daqueles que já haviam expandido empresas de tecnologia com sucesso. Ele também queria ser capaz de obter orientações de um conselho de administração com experiência em obter financiamento de investidores anjos e de investidores institucionais. Ambos são importantes já que o caminho ótimo para a Shiftgig em suas futuras necessidades financeiras ainda é incerto. Finalmente, todas as empresas têm que, em última instância, "vender", seja para seus mercado interno como externo e a experiência de Brian no varejo *on-line* preenchia uma lacuna necessária já que ele possui extensa experiência em vendas.

Todos os diretores da Shiftgig são de Chicago. Eddie imaginou que isso seria importante já que a proximidade geográfica facilitaria o acesso de todas estas pessoas. Há, obviamente, reuniões formais, mas grande parte do valor deste conselho provém da comunicação informal e das reuniões espontâneas que ocorrem nos intervalos entre as reuniões formais. Com todo mundo na mesma cidade, isso é muito mais fácil.

A remuneração deles se baseia inteiramente na distribuição de ações da empresa. Assim como a diretoria, os membros do conselho querem fazer parte da instigante nova empresa que cresce atendendo uma necessidade exclusiva no mercado. Ainda é muito cedo para dizer, pois a jornada da Shiftgig apenas começou mas, certamente, eles começaram com tudo.

PALAVRAS FINAIS

Na qualidade de um empreendedor de segundo estágio perspicaz, é preciso reconhecer quando você sozinho não pode levar sua empresa para o nível seguinte. Existem habilidades e contatos que você precisará ter e a melhor maneira de obtê-los é através da criação de um conselho de administração. Priorize as qualidades que você deseja de seus membros. Explore todas as vias para conseguir os melhores e mais experientes profissionais do mundo dos negócios que puder contratar e os tenha em seu conselho de administração o mais rápido possível.

No final do dia, um excelente conselho de administração dá suporte à diretoria mas não os impede de fazerem perguntas difíceis quando tais perguntas forem legítimas. Embora nem sempre eles ajam como "sarnas" para estimular soluções criativas, eles não terão medo de atuarem como advogado do diabo caso isto estimule a empresa a crescer e prosperar.

Os melhores conselhos incitam os membros da direção a se esforçarem ao máximo, a pensarem em alternativas que talvez eles tenham descartado e responsabilizará a diretoria pela execução das estratégias e planos de modo efetivo. Um bom conselho de administração torna ainda melhor uma boa diretoria.

Capítulo 4

CRIE, NÃO CONCORRA

CRIE UMA RATOEIRA MELHOR.[18] Para muitas pessoas, este é apenas mais um daqueles clichês batidos que todos nós já ouvimos milhares de vezes. Mas, para os empreendedores, É UM SLOGAN. Estejam eles frustrados pela falta de qualidade do café ou pelo agonizantemente lento processo de contratação na maioria das empresas ou por uma importante necessidade de mercado que deixa de ser atendida, eles têm uma visão de como fornecer algo diferente, algo único, algo melhor e eles agarram a oportunidade – e ganham dinheiro ao fazer isto.

A criatividade é a base das startups. Os empreendedores examinam produtos ou serviços existentes segundo uma outra perspectiva e os viram pelo avesso para criar algo com o qual os clientes não podem viver sem. Inspirados e apaixonados pela missão de tirar proveito de suas visões pessoais, eles abrem seus próprios negócios para transformar seus sonhos em realidade.

Para "criar uma ratoeira melhor", muitos iniciam com a velha "ratoeira" e, em seguida, basicamente a tornam melhor. A empresa Har-Qen com sede em Milwaukee é um grande exemplo de criatividade empreendedora. Kelly e Jeff Fitzsimmons fundaram a ComicWonder, uma empresa que oferecia um serviço *on-line* gratuito patrocinado por anúncios para que os clientes gravem piadas pelo telefone e, em seguida, possam enviar estas gravações por *e-mail* para seus amigos. Era um serviço popular e único que se baseava em nova tecnologia da Web. Porém, depois de alguns anos o negócio não estava crescendo suficientemente rápido. O modelo de negócios era muito dependente de uma base limitada de anunciantes apropriados.

Então, os empreendedores mostraram sua criatividade. Como eles poderiam usar esta incrível tecnologia para fornecer um serviço pago?

---

[18] Tradução literal da expressão em inglês que, na realidade, significa "crie ou ofereça um produto superior à sua concorrência". (N.T.)

Então eles tiveram um estalo: a função de recrutamento no mundo corporativo. Grande parte do trabalho dos recrutadores é passar pelo crivo candidatos que parecem promissores no papel através de ligações telefônicas, sendo o objetivo pegar uma grande quantidade de candidatos e ir afunilando-a até se chegar a um grupo menor e mais qualificado. São consumidas custosas homens-hora para ligar para os possíveis candidatos, acertar horários de comum acordo, para depois realizar a entrevista de seleção e tomar notas. Além disso, mesmo que se descubra que a pessoa com a qual se está falando não é, por alguma razão, um candidato adequado, corre-se o risco de manchar a sua marca caso se interrompa abruptamente o telefonema. Em vez disso, se feito com respeito e certa cortesia, este telefonema de avaliação prévia de um candidato em geral leva de 10 a 15 minutos. O processo é ineficiente, complicado e sujeito a erros.

Os Fitzsimmonses viram uma oportunidade e adaptaram sua tecnologia existente para criar um sistema que automatizasse todo o processo de entrevistas de seleção. Em vez de eles mesmos fazerem os telefonemas para candidatos adequados, os recrutadores os dirigiram para um site Web confidencial onde os candidatos responderiam uma série de perguntas chamando um número especial e gravando suas respostas. A "entrevista" poderia ser a qualquer hora, de dia ou à noite, conforme fosse mais conveniente para o próprio candidato. Os recrutadores poderiam então ouvir estas entrevistas no horário que lhes melhor conviesse, podendo ser peneiradas de forma fácil para criar um conjunto de candidatos qualificados e para fazer o *follow-up*. Através do uso desta tecnologia candidatos não qualificados podiam ser tratados em um ou dois minutos, com repostas para os candidatos via *e-mail* e geradas por computador, ainda mantendo a profissionalidade no processo. Em 2007, nascia a nova empresa dos empreendedores, a HarQen. Em 2010, este produto, chamado VoiceAdvantage, foi escolhido como o "Produto do Ano" pela revista *Human Resource Executive*. Líder de mercado, ela continua a crescer em termos de receitas e novos clientes a cada ano.

A história de sucesso da HarQen e de centenas de outras como ela se baseiam na inovação. Todas as empresas, não importando o seu es-

CRIE, NÃO CONCORRA   73

tágio de desenvolvimento, irão se beneficiar tirando proveito da energia criativa que diferenciava a empresa da concorrência desde o início. A startup deles construiu o seu sucesso em cima de um produto ou serviço novo que ela oferecia a um mercado ávido por ele. De modo a dar continuidade a este impulso inicial e levar o seu negócio para o segundo estágio de crescimento e além: *crie, não concorra.*

Disputar cabeça com cabeça com seus concorrentes oferecendo o mesmo produto e brigar pelos mesmos clientes é uma estratégia onerosa que jamais resultará em um retorno sobre o investimento e, certamente, não fará com que seu negócio se expanda. Grandes empresas podem arcar com investimentos de milhões de dólares para fazer o marketing de seus produtos, em geral deixando de fora as empresas menores. Competir em preço apenas come sua lucratividade e não é algo sustentável. Promover seus produtos como sendo de melhor qualidade ou o atendimento ao seu cliente como mais interativo e eficiente do que seus concorrentes ajuda a diferenciar sua empresa mas apenas levará a sua empresa até este ponto. No final do dia, você pode se ver patinando no mesmo lugar ou até mesmo perdendo terreno.

Retorne ao básico. Pergunte a si mesmo por que, em primeiro lugar, você abriu a sua empresa? O que tornava seus produtos ou serviços únicos e o que impulsionou o seu sucesso inicial? É preciso redescobrir e reaplicar aquela mentalidade de startup para dar novo ímpeto à sua empresa e catapultá-la para o segundo estágio de crescimento. Parafraseando o velho ditado do desporto: a melhor defesa é um ataque criativo.

Não importa o tipo de empreendimento, para se alcançar o segundo estágio de crescimento é preciso permanecer no topo de seu jogo criativo. É preciso ter uma visão nova de mercado. O que está faltando no esquema atual e que sua empresa poderá oferecer? Pode ser que seja expandir as ofertas atuais com produtos novos e interessantes que atendam o mercado em constante mudança. Talvez seja se basear em *expertise* fundamental e estendê-lo para novos nichos subexplorados. Talvez seja mudar a forma básica na qual um setor atua. Quanto mais criativo você for, menos você precisará se preocupar com seus concorrentes.

Esta estratégia – criar, não concorrer – exige engenhosidade. É mais do que colocar produtos existentes com uma nova roupagem que incorpora toda uma parafernália de acessórios ou incentivos engenhosos (mas superficiais). Lembre-se, você não tem que começar da estaca zero. Afinal de contas, você já tem um certo sucesso. Você tem que ser criativo usando aquilo que possui para chegar onde quer.

Poucos setores são tão adeptos no emprego da inovação para acelerar o crescimento como as empresas de tecnologia. Dezenas de startups de tecnologia como Groupon, Snapchat, Amazon, Salesforce.com, Facebook, Twitter, LinkedIn e Ebay, demonstram o poder da inovação para estimular o crescimento. Elas mudaram o mundo e a forma de fazer negócios. Muito embora todas elas sejam relativamente novas, tornou-se difícil lembrar da época em que estas companhias ainda não existiam.

Provavelmente um dos exemplos mais impressionantes e mais conhecidos de uma empresa que alicerçou seu crescimento segundo o princípio "crie, não concorra" seja a Apple, Inc. Steve Jobs, Steve Wozniak e Ronald Wayne tiveram uma ideia que iria revolucionar o negócio da computação pessoal. Com o lançamento do Macintosh, eles criaram um sistema operacional único que era tão fácil de usar a ponto de desmistificar os computadores pessoais. Com base em produtos de *design* atraente que cativaram o consumidor a startup dos três empreendedores, "que havia surgido do nada", decolou. Desde seu humilde surgimento, os empreendedores demonstraram uma capacidade incrível de inovar, criando novas invenções empolgantes como o iPod, iPhone, iPad juntamente com atualizações e redesenhos contínuos de toda sua linha de produtos na área da computação pessoal. A Apple tem demonstrado uma habilidade não apenas de ser um ponto fora da curva, como também criou um mercado para outros seguirem.

Entretanto, a maioria de nós não é um empreendedor da tecnologia. Fazemos negócios em mercados tradicionais que não é tão impulsionado por inovações–relâmpago. Porém, o princípio continua válido. Mesmo nos setores mais estabelecidos, com margens mínimas e clientes conscientes do preço das coisas, a inovação pode catapultar uma startup bem-sucedida para ter um hipercrescimento. Vamos dar

CRIE, NÃO CONCORRA

uma olhada em algumas empresas que alcançaram o sucesso através da inovação.

INTELLIGENTSIA COFFEE AND TEA

Muitos devem imaginar que com o tremendo sucesso de empresas como Starbucks, Peets e Caribou, a oportunidade de expandir o ramo varejista do café acabou há muito tempo. Afinal de contas, a Starbucks criou um império global, com lojas em praticamente cada esquina e uma marca ubíqua que praticamente define o café *gourmet*. Como alguma startup poderia ter qualquer esperança de ter sucesso sob a sombra deste gigante em um mercado já fragmentado com outros concorrentes?

Doug Zell fundou a Intelligentsia Coffee and Tea em 1995 devido à sua paixão por uma xícara de café soberba. Ele amava cada aspecto da experiência de tomar café: desde a torrefação dos grãos até o cuidadoso preparo e ato de servir uma xícara de café. Ele tinha a sua própria visão sobre como proporcionar a mais sublime sensação de tomar café para os verdadeiros amantes da bebida e, portanto, abriu uma cafeteria em sua cidade natal, Chicago.

O objetivo na época era oferecer café de excelente qualidade aos clientes, torrando ele mesmo os melhores grãos disponíveis no recinto da loja, moendo-os pouco a pouco para finalmente passar o café de acordo com o meticuloso padrão pessoal de Doug Zell.

Nunca satisfeito, ele fazia constantes experimentos com seu produto. Quando os grãos que ele comprava de atacadistas não tinham a qualidade suficiente para atender as suas exigências, ele mesmo ia diretamente aos produtores. Como as máquinas para fazer café de alta tecnologia usadas por todas as outras lojas não forneciam o sabor que ele queria, ele criou um sistema inteiramente novo que todos pensavam que iria afundar sua loja recém-inaugurada: preparar manualmente cada xícara de café.

A abordagem criativa de Doug de oferecer café da mais alta qualidade deu certo. Nenhum outro estabelecimento do mercado varejista de café *gourmet* se aproximava do sabor do café da Intelligentsia. Através da propaganda boca a boca, logo se formavam filas no lado de fora de sua cafeteria. Sua pequena loja na Broadway na então um tanto incipiente zona norte de Chicago havia se tornado *o* destino dos apaixonados por café. Como seu conceito provou estar acima de qualquer expectativa, ele resolveu expandir suas instalações de torrefação e loja de varejo. Após todos esses anos, sua empresa tem hoje mais de 300 funcionários com lojas em várias cidades e clientes no atacado para seus grãos espalhados por todos os Estados Unidos.

Hoje, um dos mais respeitados *connauiseurs* em café de todo o mundo, Doug continua inovando. Em contraste com a aparência padronizada das lojas de seus concorrentes, cada empório de café da Intelligentsia tem seu próprio *design* distinto. Ele é um dos poucos vendedores de café artesanal a abastecer 100% de seus grãos diretamente dos produtores e a preços justos, o que garante a ele a melhor qualidade disponível. Sua contínua abordagem inovadora continua a sustentar a sua estratégia de "crie, não concorra".

WHOLE FOODS MARKET

O conceito de supermercado existe desde o início dos anos 1900. Clarence Saunders inventou o mercado *self-service* ao abrir sua primeira loja Piggly Wiggly em Memphis, Tennessee, em 1916. A ideia se alastrou rapidamente e se tornou um padrão do setor até os dias de hoje. As redes nacionais começaram a dominar o mercado. À medida que a participação de mercado crescia e o número de lojas se multiplicava, os produtores de alimentos industrializados criaram produtos para abastecer as prateleiras dos supermercados.

Mas nos anos 1970, uma pequena parcela da população norte-americana começou a ser mais consciente em termos de saúde e uma pequena fatia do mercado consumidor de alimentos começou a se afastar dos produtos industrializados cheios de substâncias químicas passando a consumir alimentos orgânicos e frescos. O modelo de supermercado não era feito para armazenar estes itens de preço elevado

CRIE, NÃO CONCORRA 77

em parte por eles não usarem conservantes e terem uma vida útil na prateleira bem menor. Os consumidores interessados em adquirir este tipo de produto tinham que procurar os pequenos mercados de produtos orgânicos ou as bancas de frutas que estavam apenas começando a aparecer em volta dos centros metropolitanos ao redor de todos os EUA. Isso representava consumir tempo e pagar caro. Para aqueles que moravam nos subúrbios esta opção era praticamente inexistente.

Em 1978, John Mackey abriu um pequeno mercado de alimentos naturais em Austin, Texas, chamado SaferWay. Dois anos depois, visando atender a crescente demanda do próspero mercado de alimentos mais saudáveis, ele se associou com Craig Weller e Mark Skils para incorporar a SaferWay à Clarksville Natural Grocery destes dois últimos, criando a primeira Whole Foods Market. Baseando-se no modelo de supermercado, a inovação por parte deles era a gama de produtos oferecida: uma ampla oferta de alimentos orgânicos, tanto frescos quanto embalados, entre os quais, queijos, leite, carne, peixe, frutas e legumes. Eles vendiam produtos da mais alta qualidade e cobravam por isso e pela conveniência de ofertá-los em um único local de venda.

A Whole Foods Market criou um novo tipo de supermercado perfeitamente adaptado aos gostos em mudança dos americanos. Ao longo dos seis anos seguintes a empresa expandiu para seis lojas no Texas e Louisiana. O resto é história. Hoje, a Whole Foods Market tem 321 lojas nos Estados Unidos e no Reino Unido e sua receita anual supera os US$ 10 bilhões.[19] A Whole Foods continua a inovar, não contente em dormir sobre os louros já conquistados. A seção de comida pronta da loja continua a crescer tanto em seu tamanho quanto na variedade de opções disponíveis para o consumidor e estas comidas prontas podem ser levadas para casa ou consumidas na própria loja onde a empresa colocou mesas, cadeiras e banquetas no bar. A ênfase dos proprietários em ofertar excelentes vinhos, inclusive sessões de degustação, atrai as pessoas para as suas lojas configurando um ambiente mais social. Nas áreas urbanas, a Whole Foods em geral é uma das pioneiras

---

[19] Dados e histórico obtidos do site Web da Whole Foods: http://www.wholefoods-market.com/company-info/whole-foods-market-history.

a implantar uma nova loja em um bairro que está se transformando em uma área mais nobre e a presença da empresa certamente estimula o processo como um todo.

NEXT

O setor de restaurantes sofisticados atende o mercado gastronômico de alta classe. Os clientes não apenas exigem a máxima qualidade na comida, impecavelmente preparadas, como também as últimas tendências em jantares *gourmet*. Carnes exóticas vindas de todo o planeta e avançadas técnicas são as marcas registradas. A cozinha inovadora é a força diretriz dos restaurantes finos. Entretanto, o modelo de negócios básico continua a ser o mesmo há vários anos. O cliente faz uma reserva no restaurante, tem à sua disposição um cardápio que em geral muda diariamente e paga pelos pratos escolhidos no final. Embora alguns restaurantes não façam reservas ou ofereçam apenas menus a um preço fixo, o modelo de negócios básico continua a ser o mesmo.

Entretanto, mesmo neste setor tradicional e já testado com o tempo, a criatividade ainda pode levar ao sucesso, como provado por um estabelecimento em Chicago chamado Next. O aclamado *chef* e dono de restaurante, Grant Achatz, conquistou uma reputação nacional de brilhantismo depois de abrir seu restaurante de três estrelas chamado Alinea, em Chicago no ano de 2005.[20] O Alinea é classificado hoje pela *Restaurant Magazine* como o melhor restaurante dos Estados Unidos e o sexto estabelecimento de todo o mundo.[21] Baseando-se em sua bem-sucedida startup, Achatz transformou o modelo de restaurante fino em sua cabeça com duas inovações quando ele abriu o Next em 2011. A primeira delas: em vez de alterar o seu cardápio diariamente, ele oferece um novo menu temático em várias épocas do ano. Seus temas são

---

[20] Sam Sifton, "Now Appearing in Chicago, A Restaurant in Footlights", *The New York Times*, 16/ago/2011 http://www.nytimes.com/2011/08/17/dining/reviews/rstaurant-review-next-in-chicago.html?pagewanted=all.

[21] "Alinea Named Top US Restaurant", "http://www.huffingtonpost.com/2010/04/26/alinea-top-us-restaurant_n_552379.html" \1 "s84971title=1_Noma_in".

CRIE, NÃO CONCORRA

exclusivamente enigmáticos, como "Paris, 1906", "The Hunt", "Sicily", "Vegan." Ou "A Tour of Thailand".[22]

Mas a verdadeira inovação que conquistou o público de restaurantes finos foi como os seus clientes tomam parte da experiência de jantar. Em vez de seguir o modelo tradicional reserva/pague-na-saída, o Next segue um modelo similar aos setores de turismo ou entretenimento *on-line*. Os interessados em jantar em seu restaurante precisam comprar um "ingresso" *on-line* com antecedência. Os preços variam de acordo com o horário e o dia da semana. Todos os pratos e bebidas, inclusive a escolha de vinhos para harmonização com os pratos e o serviço, são cobrados antecipadamente. Os "ingressos" são bastante caros e não podem ser reembolsados. A demanda tem sido tão forte que os "ingressos" acabam quase que instantaneamente logo após a liberação para a sua venda a cada semana. Atualmente, os "ingressos" para o Next podem ser encontrados no *Craigslist*[23] por US$ 500. O *chef* Achatz tem em mãos mais um sucesso que talvez tenha mudado radicalmente o modelo de negócios para restaurantes finos. Este é o segundo grande sucesso do *chef* Achatz e é pouco provável que ele irá parar por aqui.

SOULCYCLE

A menos que por acaso você viva em Los Angeles ou Nova York, é pouco provável que você tenha ouvido falar da SoulCycle. A SoulCycle teve início em 2006 com Elizabeth Cutler, Julie Rice e Ruth Zukerman (Ruth deixou a empresa em 2009 para abrir uma concorrente). Sua primeira sede era em um prédio onde existia anteriormente uma funerária no Upper West Side de Manhattan. À primeira vista, a SoulCycle não era tão exclusiva assim. É um local onde você faz

---

[22] Os temas e preços foram extraídos do site Web da Alinea, https://content.alinea-restaurant.com/html/index.html.

[23] Site Web de anúncios classificados com seções dedicadas a empregos, imóveis, contatos pessoais, vendas, serviços, comunidades e fóruns de discussão. Fonte: http://e.wikipedia.org/wiki/Craigslist. (N.T.)

aulas de *spinning*. Entretanto, o que Cutler e Rice fizeram para transformar a SoulCycle em uma sensação *cult* é brilhante. A experiência da SoulCycle é única. Cada aula tem um instrutor especificamente voltado para atender um grupo demográfico que provavelmente irá assistir a aquela aula. Por exemplo, existe uma grande diferença entre um aluno que frequenta uma aula às 11 da manhã e outro às 7 ½ da noite e os instrutores que são destinados para dar aula nestes respectivos horários. A revista *New York* descreveu uma aula na SoulCycle como "uma experiência intensa: parte dançante, parte terapia, parte alta integração social".[24] Assim como na Bikram Ioga, a "temperatura" é alta, fazendo com que os participantes suem bastante enquanto praticam o *spinning*. A sala é escura. Diferentemente da ioga, a música é muito alta e os ciclistas supostamente devem pedalar no ritmo da música. A experiência como um todo de participar de uma aula da SoulCycle criou um fenômeno cultural. As turmas fecham rapidamente já que não se consegue atender à demanda.[25] As proprietárias cobram US$ 34 por uma aula de 45 minutos; portanto, após algumas aulas você terá arrecadado tanto quanto uma mensalidade de muitas academias. Não obstante, o sucesso do conceito foi responsável por um crescimento incrível. A empresa tem 14 pontos em Nova York e Los Angeles.[26] Como crédito para suas fundadoras, elas pegaram um conceito que já existe há anos e reinventaram a experiência de uma forma fundamental. Recentemente, a SoulCycle anunciou um acordo de parceira estratégica com a Equinox, uma rede de academias de primeira linha espalhada por todos os Estados Unidos. Juntamente com a Equinox, as donas da SoulCycle planejam abrir mais 70 pontos da SoulCycle a curto prazo em duas grandes cidades americanas e em Londres.[27]

---

[24] Alex Morris, "The Carefully Cultivated Soul of SoulCycle", New York Magazine, jan/2013.

[25] Danielle Braff, "New Spin on Working Out", Chicago Tribune, 26/set/2012.

[26] Site Web da SoulCycle Corporate, www.soul-cycle.com.

[27] Wellness Wire, "Equinox Buys SoulCycle and Plans Major Expansion", 25/maio/2011, www.wellandgoodnyc,cin.

PARSON GROUP

Em 1995 meus sócios e eu fundamos o Parson Group para atender os segmentos de serviços contábeis e financeiros de uma forma inteiramente nova. Na época, se uma empresa precisasse terceirizar seus serviços financeiros, existiam duas opções para eles: agências de temporários que normalmente atendiam a necessidades não muito sofisticadas como ajuda em contas a pagar e contas a receber ou então uma das grandes e caras firmas de auditoria. O Parson Group oferecia uma proposta totalmente nova: um *pool* de experientes e altamente qualificados profissionais da área financeira para prestar serviços consistentes e de alta qualidade sem cobrar preços elevados.

Os profissionais do Parson Group disponibilizavam habilidades técnicas de alto nível acopladas a anos de experiência no mundo dos negócios para dar atenção pragmática e concreta aos desafios financeiros de uma empresa. Diferentemente de empresas de temporários que tinham a tendência de colocar profissionais desempregados das áreas de contabilidade e finanças como mão de obra temporária remunerada por hora como uma ponte para obtenção de um emprego fixo, o Parson Group contratava de fato a maioria de seus consultores em tempo integral, profissionais assalariados com todos os benefícios. Mesmo ao vendermos serviços de preenchimento de pessoal, nós os posicionávamos como "serviços de consultoria" com um documento "escopo do trabalho" relativo; ou seja, estávamos dispostos a aceitar responsabilidade pelo serviço que havíamos prometido. Diferentemente das firmas de auditoria, não oferecíamos serviços como pareceres de auditoria, confecção da declaração de imposto ou a verificação de demonstrações financeiras. Nosso objetivo era criar uma relação de longa duração com nossos clientes que ia além do simples processamento de exaustivos cálculos.

O Parson Group foi pioneiro em uma categoria completamente nova de prestadora de serviços contábeis e financeiros que oferecia qualidade consistente através de profissionais experientes com a qual os clientes poderiam contatar a longo prazo. Entretanto, no início não tínhamos marca, reputação, *"deal flow"*[28] ou capital suficientes para concorrer através de atividades para consolidação de marca como propaganda e marketing de saturação. Nossa estratégia de crescimento era a de reunir uma organização de vendas altamente profissional, reforçada com especialistas no suporte a vendas e divididos em equipes regionais. A cada pessoa e equipe em cada região era atribuída a tarefa de estabelecer novos contatos com as 1.000 maiores empresas da revista Fortune e transformá-las em clientes em um prazo de cinco anos.

Tivemos que criar para poder concorrer com os dois extremos da concorrência já estabelecida. As firmas de mão de obra temporária ofereciam às empresas serviços mais baratos e de menor duração. A reputação em termos de qualidade varia consideravelmente, mas na maioria dos casos uma agência de temporários não está preparada para produzir resultados de qualidade de forma consistente. Já as firmas de auditoria dependiam basicamente de parceiros que trariam contas lucrativas dando destaque às suas marcas de destaque e mirando suas redes de executivos de alto escalão. As auditorias têm uma vantagem adicional já que grande parte do trabalho por elas executado deve estar em observância com as determinações exigidas por lei. Tipicamente as firmas de auditoria têm apresentado resultados de qualidade para seus clientes, mas isso com um preço. Nossa estratégia era totalmente diferente. Oferecíamos serviços de primeira qualidade para solução de complexos problemas financeiros a preços razoáveis.

Nossa equipe de vendas estabeleceu relações nos setores contábil e financeiro, visando todos os gerentes e executivos responsáveis por realmente fornecerem soluções de serviços financeiros para suas orga-

---

[28] *Deal flow* é um termo usado por profissionais da área financeira como capitalistas de risco, investidores anjos, investidores *private equity* e bancos para se referirem a que taxa eles recebem propostas de negócios/ofertas de investimento. O termo também é usado não como uma medida da taxa, mas simplesmente se refere ao fluxo de ofertas ou oportunidades como um todo. O *deal flow* de uma organização é considerado "bom" se ele resultar em oportunidades geradoras de receitas ou patrimônio para manter a organização funcionando a plena capacidade. Fonte: http://en.wikipedia.org/wiki/Deal_flow. (N.T.)

CRIE, NÃO CONCORRA

nizações. Acreditávamos que a consolidação de nossas relações resultaria, em última instância, em futuras receitas para a empresa.

Nós os encorajávamos a desenvolver relações em um nível mais pessoal. Eles eram treinados para iniciar o processo de vendas com telefonemas regulares e informativos, oferecendo ajuda e ideias, com o real objetivo de marcar uma reunião face a face. Nossos vendedores eram treinados para manterem conversações com profundidade suficiente de modo a poderem entender as necessidades dos clientes muito além daquele nível superficial bem como quais seriam as prioridades de tais necessidades. Nós falávamos de como poderíamos ajudar e como outras organizações com problemas semelhantes atingiram seus objetivos – obviamente, com a nossa ajuda. Uma vez estabelecida uma relação, e depois cultivada, sabíamos que seria uma questão de tempo para o cliente solicitar nossa assistência específica.

Esta abordagem integrada criativa valeu a pena. O Parson Group cresceu a partir de uma startup com um capital inicial relativamente pequeno (US$ 4 milhões) para se transformar em um negócio com uma receita projetada de mais de US$ 90 milhões nos próximos seis anos.

Em nosso sexto ano de operação, a revista *Inc.* classificou o Parson Group como a número um em crescimento das sociedades de capital fechado. Nos Estados Unidos. Nossas margens eram acima dos 40% comparadas a menos de 20% no setor de fornecimento de mão de obra tradicional. Somos capazes de reter e expandir nossas relações com os clientes com um índice de fidelidade incomum no setor de serviços financeiros.

PALAVRAS FINAIS

Independentemente do setor em que atue, muitas vezes você se sente como se não houvesse nada de novo na face da Terra, que sua empresa está perseguindo os mesmos mercados, das mesmas maneiras, fazendo as mesmas coisas, no mesmo momento que os demais. Mas se você cair neste raciocínio vicioso, jamais conseguirá levar sua startup para o sucesso no segundo estágio.

Simplesmente observe todas as startups que se tornaram grandes. Pense naquelas que se encontram no caminho do alto crescimento hoje, a despeito de um estágio anterior. Em quase todos os casos cada uma delas deixou sua marca ao fornecer algo novo, algo diferente. Depois disso, quando o mercado estava em boas condições, cada uma delas avançou, estendendo sua marca, baseando-se em sua criatividade para oferecer produtos inovadores de formas novas e fascinantes.

O que há de fascinante na criatividade é que algumas vezes ela simplesmente significa olhar para as coisas de uma forma diferente e usar o seu espírito empreendedor para atender uma necessidade de um modo que ninguém havia sido criativo o bastante para enxergar. Quem sabe assim como a HarQen ou a Next Inc., você será um pioneiro e mudará o paradigma fundamental da forma como um setor funciona e, assim. desbancar seus concorrentes. Talvez você chegará ao cerne da questão e dependerá de produtos criativos de altíssima qualidade, como a Intelligentsia Coffee and Teas fez, e atendê-los de um modo exclusivo que o conduzirá ao segundo estágio de crescimento. Não importa qual caminho criativo você tome, a evidência é incontestável que para se tornar um empreendedor de segundo estágio é preciso se lembrar do seguinte: crie, não concorra.

Capítulo 5

CONTRATANDO DE FORMA INTELIGENTE!

DIMENSIONAR CORRETAMENTE O SEU QUADRO DE PESSOAL para crescer é uma das etapas mais importantes para garantir o sucesso no segundo estágio de crescimento para a sua empresa. O verdadeiro desafio (e a oportunidade) é encontrar pessoas que possuam a combinação certa de habilidades, experiência e paixão por ser bem-sucedido que se fazem necessárias para ajudar você a expandir o seu negócio.

Ao planejar o sucesso no segundo estágio, é fácil se concentrar no produto ou serviço. Afinal de contas, é isto que o mercado quer e o que gera receita, certo? Embora o produto seja aquilo que você comercializa e vende, de igual importância é o talento de sua organização que é responsável por levar o produto para o cliente. Quando você se dirige a uma loja do Starbucks é porque você gosta de seus produtos. Mas o que dizer dos três atendentes que anotam o seu pedido, versam o leite quente exatamente no momento certo, certificam-se dele ser um *Venti*, e não um *Grande*,[29] e o servem com um sorriso? O que dizer da equipe de P&D que bolou as misturas, os títulos e *design* do logotipo? O que dizer da equipe de *design* que criou a ambiência de boas-vindas do café Starbucks?

O fato é, não importa a forma como sua empresa é identificada no mercado: seus produtos, seus serviços, sua publicidade, seu departamento de engenharia, até mesmo o seu comprometimento com o meio ambiente ou causas sociais, em última instância são as pessoas por trás dessas características notáveis que tornam excelente uma organização. Conforme Jim Collins apontou com tanta maestria em seu *best-seller*

---

[29] Nomes (de origem italiana) usados para definir o volume servido. *Venti* para 20 US fl oz (590 ml) e *Grande* para 16 US fl oz (470 ml). Fonte: http://en.wikipedia.org/wiki/Starbucks. (N.T.)

Good to Great, "é uma questão de ter as pessoas certas nas funções certas fazendo as coisas certas."[30]

Fazer certo da primeira vez possibilitará que você alcance o segundo estágio de crescimento de acordo com o planejado. Tentativas frustradas custarão tempo e dinheiro e diminuirão o ritmo da empresa. Como você planeja expandir a empresa, sabe que terá que contratar mais pessoal. Mas não saia por aí contratando pessoas para preencher vagas que você imagina precisar.

Primeiramente é preciso fazer algumas perguntas fundamentais, entre as quais as seguintes:

- Quanto capital o novo plano de negócios aloca para a expansão de pessoal?
- Como é subdividido o orçamento para provisão de pessoal? Por departamento? Por gerência *versus staff*?
- Qual é a proporção estimada de novas contratações em relação ao pessoal existente?
- A expansão irá exigir a promoção de bons funcionários para gerenciar uma equipe maior?
- Quantos funcionários atuais precisarão ser cortados?
- Quanto custarão as mudanças em relação ao pessoal existente?

Assim que se chegar a um número pretendido e à natureza do novo quadro de pessoal necessário, então você poderá se concentrar na criação de um programa que lhe proporcionará os melhores profissionais.

O TALENTO IMPORTA

Vários anos atrás, Peter Capelli, professor emérito de Administração da Wharton School, realizou um estudo concernente ao desempenho

---

[30] James Collins, *Good to Great: Why Some Companies Make the Leap and others Don't*, HarperBusiness, 2001.

CONTRATANDO DE FORMA INTELIGENTE! 89

de funcionários.[31] Ele constatou que elementos altamente talentosos apresentavam resultados seis a dez vezes maior do que os de talento mediano e em ambientes altamente complexos, o talento mediano simplesmente não era capaz de apresentar resultados. Matt Dixon e Brent Adamson, no livro de autoria deles de 2011, intitulado *The Challenger Sale*, indicam que em uma pesquisa realizada pelo Sales Executive Council, seus membros relataram uma diferença no desempenho de mais de 200% entre suas estrelas e o pessoal comum.[32] Experientes investidores *private equity* entendem a equação melhor do que a maioria. Seus anos de trincheira administrando várias empresas em que possuem capital investido sedimentaram em seus cérebros que uma diretoria de primeira categoria produz um resultado final que facilmente é dez vezes melhor do que uma diretoria de segunda categoria.

Os dados corroboram aquilo que um gestor experiente pode lhe dizer: contratar as pessoas certas para o cargo certo na hora certa rende grandes dividendos. Um estudo da HBS de 2005 mostrou que as empresas com liderança eficaz apresentavam um desempenho 40% superior àquelas com liderança mediana. Além disso, recente estudo da Towers Watson demonstrou que empresas com práticas de capital humano superiores criam o dobro do valor para o acionista do que as empresas que adotam práticas de capital humano medianas.

O talento é o atributo mais importante para novas contratações. Mas qual o significado de "talento" no contexto de sua empresa? Ele é diferente para cada cargo? Como escolher os melhores candidatos? Todas estas são questões importantes que apontam para a dificuldade inerente ao processo de contratação de pessoal.

---

[31] Peter Capelli, *The New Deal at Work: Managing the Market-Driven Workforce*, Harvard Business School Press, 1999.
[32] Matthew Dixon e Brent Adamson, *The Challenger Sale: Taking Control of the Customer Conversation*, Portfolio Books, 2011.

A EQUAÇÃO DO CAPITAL HUMANO

Embora o processo de contratação continue a ser um dos fatores mais importantes no segundo estágio, normalmente ele é o processo menos disciplinado, menos objetivo e menos quantificável de qualquer empresa. Apesar de todos os dados empíricos, apesar de todo o entendimento intuitivo sobre a questão, contratar verdadeiros talentos continua a ser um mistério para a maioria dos líderes empresariais, independentemente do tamanho de suas empresas. Obviamente, há exceções a esta negligência de uma área tão crucial e algumas empresas como a Google ou a McKinsey possuem algumas práticas de recrutamento um tanto legendárias, tendo a disciplina sobre a matéria ter que se adaptar a ela. Certa vez foi estimado que entre seleção, entrevistas e avaliações a Google investia 87 homens-hora em cada pessoa contratada.[33] Mas para a maioria das empresas que atingiram o segundo estágio de crescimento, o padrão é consideravelmente menor.

Vejamos um exemplo simples para ilustrar a questão. Uma empresa planeja colocar em operação um novo sistema de razão ou sistema ERP (Planejamento de Recursos da Empresa). Trata-se de um significativo investimento de tempo, energia, recursos e, obviamente, de capital. Para uma empresa que atingiu o segundo estágio de crescimento, isso poderia envolver uma decisão que facilmente estaria na casa de US$ 1 milhão.

A maioria das empresas, mesmo aquelas menores, corretamente passarão por um processo complicado mas transparente para escolher o sistema apropriado. As etapas envolvidas no processo normalmente são as seguintes:

- Contratar uma firma de consultoria especializada para avaliar os parâmetros da natureza e qualidades que o novo sistema precisará ter.
- Documentar os estados atual e futuro de processos.

---

[33] Bernard Girard, *The Google Way: How One Company Is Revolutionizing Management as We Know It*, No Starch Press, 2009.

CONTRATANDO DE FORMA INTELIGENTE!

- Documentar as necessidades dos usuários.
- Examinar as necessidades do sistema.
- Calcular custos e benefícios.
- Documentar os fornecedores apropriados.
- Verificar referências dos fornecedores.
- Marcar entrevistas e demonstrações dos sistemas com os fornecedores.
- Consultar pesquisas sobre os fornecedores feitas pela Gartner e IDC (International Data Corporation).

No final do processo, é recomendado um fornecedor, São feitas apresentações finais e o CEO e/ou executivo diretamente encarregado deste sistema sacramenta a decisão. Todo este processo envolve muitas pessoas, com muitas reuniões, o compartilhamento de extensas análises, a criação de um fluxo de mensagens interminável e a geração de papelada, pois se trata de uma decisão crítica que irá impactar a empresa nos anos vindouros além de envolver um grande investimento.

Entretanto, quando se trata de contratação de funcionários, é raro que o mesmo rigor e disciplina sejam seguidos muito embora o investimento possa ser igualmente significativo (ou até maior) e o provável impacto sobre o futuro da empresa é bem maior. Na maioria das organizações de vendas B2B,[34] a contratação de cada profissional voltado para a geração de novas oportunidades de negócios é uma decisão de pelo menos US$ 1 milhão. Para cada função gerencial de primeiro escalão o valor do investimento é significativamente maior, ultrapassando facilmente os US$ 10 milhões. Funções de diretoria apresentam um valor (ou custo) ainda maior caso se contrate a pessoa errada. Há menos que exista uma função dedicada de recrutamento dentro da empresa, o gerente que está contratando um funcionário tem que se virar por conta própria para encontrar, classificar, entrevistar, avaliar e, finalmente, escolher os candidatos. Mesmo que exista um de-

---

[34] B2B – Sigla de *business-to-business* usada para descrever a compra, a venda e a troca através da Internet de produtos, serviços ou informações entre empresas, e não entre empresas e consumidores. Fonte: *Oxford Business English Dictionary*, OUP. (N.T.)

partamento de RH interno, a maneira pela qual o processo realmente funciona é bem diferente da teoria de como ele deveria operar – e esta diferença não é algo bom.

Em geral alguém é recomendado para contratação baseado em instinto ou fatores subjetivos como, por exemplo, um ex-colega de faculdade do gerente que está efetuando a contratação, ter uma personalidade vibrante ou ter sido recomendado por um colega da empresa por ser amigo do candidato. Não é algo incomum um empreendedor que acaba de entrar no caminho para o segundo estágio, acabar contratando uma pessoa para uma função crítica sem nem mesmo ter falado com qualquer outro candidato.

Se feito de maneira correta, o processo de contratação leva tempo. Empreendedores ou gerentes ocupados normalmente não podem reservar o tempo e a atenção necessários para "peneirar" uma lista de candidatos bem qualificados. Em geral a triagem é deixada para um recrutador que realmente não entende os parâmetros da função ou lhe faltam experiência ou conhecimento para avaliar apropriadamente o candidato. As entrevistas são conduzidas às pressas e sem a profundidade recomendada. Mesmo quando os gerentes passam por um treinamento para realização de entrevistas eficazes, muitos deles não têm a disciplina ou a propensão de seguir o processo.

Grande parte das pesquisas realizadas sobre o tema sugerem que um entrevistador decide, essencialmente, nos dois primeiros minutos (ou menos) de entrevista se o candidato é alguém que eles "gostam". É neste ponto que a entrevista precisaria se aprofundar, sondando o candidato em termos de sua experiência e o que ele irá agregar para a empresa ocupando a posição. Entretanto, em geral o teor da entrevista passa rapidamente de sondar o candidato para uma "venda" do cargo ao candidato. O fato é que muitos gerentes que precisam contratar pessoal preferem conversar em vez de conduzir uma entrevista a fundo de forma disciplinada.

Quando gerentes que contratam apresentam um funcionário por ele escolhido para aqueles que tomam a decisão, eles gastam seu tempo tentando "exagerar" as credenciais do candidato para fundamentar sua escolha em vez de apresentar objetivamente os prós e contras da decisão de contratar aquele candidato em específico.

Deu para entender a ideia. As práticas correntes de contratação não são processos disciplinados nem quantificados. Embora isso em geral seja verdadeiro no mundo das grandes empresas, ele é ainda mais frequente em startups que buscam passar para o segundo estágio de desenvolvimento em um tempo muito apertado. Inicialmente, todo mundo, desde o fundador da empresa até o funcionário de menor escalão atua em várias funções. Todos os funcionários tomam várias decisões de forma intuitiva e já que a empresa alcançou o sucesso, não há nenhuma razão para mudar o processo de contratação. Embora essas duas qualidades subjetivas sejam importantes e de fato desempenham um papel crítico no processo de contratação, elas têm que ser temperadas com disciplina e estrutura. Para ser bem-sucedido em recrutar os funcionários certos que irão impulsionar a sua empresa, você precisa aprender como contratar de forma inteligente.

OS QUATRO PRINCÍPIOS DA CONTRATAÇÃO INTELIGENTE

Contratar pessoas talentosas e de alto nível com potencial para crescer junto com a empresa é o objetivo de qualquer líder ou gestor. Mas como definir talento no contexto do cargo específico? Como reconhecê-lo em um candidato? Da mesma forma que você tem que fazer as grandes perguntas ao decidir expandir seu quadro de pessoal, é preciso fazer perguntas pertinentes para implementar a expansão, entre as quais as seguintes:

- Deve-se preterir o potencial em detrimento da experiência?
- Você possui recursos de treinamento adequados para fazer com que o recém-contratado menos experiente entre rapidamente no ritmo?
- Qual o nível de importância da formação acadêmica?
- Você contrata profissionais mais velhos e com experiência em detrimento daqueles jovens e entusiastas?

- Em que proporção você pode depender do sucesso passado do candidato?
- O que acontece se uma pessoa já trabalhou para você anteriormente em uma outra empresa ou em um outro cargo na mesma empresa?
- Qual a importância de o candidato se adequar à cultura da empresa?

Todos nós queremos contratar de forma inteligente, especialmente quando a empresa se encontra em um caminho de crescimento. Mas tantos outros fatores entram em jogo que muitas vezes sacrificamos a devida diligência em detrimento da conveniência. As métricas do setor de recrutamento que são conhecidas como "tempo a ser atendido" e "custo a ser atendido" em geral superam a "qualidade a ser atendida" que é medida no processo de contratação. São cometidos erros custosos e todo mundo sofre como consequência disso.

Para deixar o achismo fora do processo, desenvolvi quatro princípios para guiá-lo na obtenção do sucesso ao tomar decisões concernentes à contratação de pessoal. Com base em décadas de recrutamento, contratação e manutenção de pessoal com alto desempenho, estes princípios aumentarão as suas chances de reunir os melhores talentos que você precisa para que sua empresa seja bem-sucedida no segundo estágio de crescimento.

PRINCÍPIO N.º 1: DEFINIR O CARGO E OS CRITÉRIOS DE SELEÇÃO

Antes de iniciar a busca pelos candidatos perfeitos para desempenharem funções necessárias, é preciso definir cada cargo em termos de metas e responsabilidades específicas. Se for uma função já existente, certifique-se de reavaliar seus parâmetros no contexto do impulso para se obter sucesso no segundo estágio. Se for uma função nova, certifique-se de pensar exaustivamente sobre o que é exigido e como isso se encaixa na nova estrutura organizacional desenhada para promover o crescimento. A descrição do cargo deve ser clara e concreta. Definições vagas que não contemplam descrições precisas das responsabilidades e expectativas para o cargo podem levar a contratações errôneas.

Por exemplo, se estiver planejando expandir a equipe de vendas, talvez seja preciso criar um novo cargo de gerente para supervisão e motivação da equipe de vendas agora maior. Existem diversas formas de se construir uma organização de vendas eficaz, algumas das quais envolvem a implementação de diversos níveis de pessoal mais bem adaptados à complexidade do tipo de clientes para os quais irão vender. Você considerou esta estratificação de sua organização de vendas enquanto criava seus critérios? Os objetivos e as responsabilidades para cada novo cargo precisarão refletir suas expectativas específicas para o cargo e para o crescimento nas vendas a partir deste.

Assim que tiver criado uma descrição de cargo, a próxima etapa é definir os critérios que serão usados para fazer passar pelo crivo os candidatos ao cargo. Estes critérios precisam refletir as qualidades específicas exigidas para preenchê-lo conforme o que é especificado na descrição do cargo. Não sou capaz de enfatizar o suficiente a necessidade do uso tanto da arte como da ciência no emprego destes critérios. Lembre-se de investir tempo analisando as qualidades que o candidato bem-sucedido precisará ter. Certifique-se de priorizar tais qualidades, desde as mais importantes até as menos.

Uma ferramenta essencial é uma avaliação orientada por dados das melhores pessoas de sua organização que apresentaram um bom desempenho no mesmo cargo ou em funções similares. Há uma série de avaliações *on-line* disponíveis. Sugiro que você escolha uma que funcione bem para os cargos em aberto. Também sugiro o emprego de um especialista para ajudá-lo a calibrar a ferramenta para as especificidades de sua empresa, cultura e cargo em questão caso queira que o resultado da avaliação seja útil e válido. Mesmo em se tratando de uma função totalmente nova, esta avaliação com base no conhecimento intuitivo de suas expectativas, a organização e a sua cultura e anúncios de funções semelhantes em seu setor, irão contribuir para a lista de critérios ser a mais eficiente possível. Envolva seus diretores, especialmente aqueles para os quais o novo contratado irá se dirigir. As ideias deles também serão inestimáveis. Lembre-se que caso não consiga definir os critérios concretos para uma contratação bem-sucedida com todas as suas especificidades, o processo será subdividido neste estágio inicial.

96 STARTUP: PRÓXIMO PASSO

Por exemplo, ao buscar um gerente de vendas, há exigências muito específicas necessárias em qualquer cargo de gerência de vendas, entre as quais as seguintes:

- sucesso comprovado em gerência de vendas
- sucesso comprovado na venda de soluções
- sucesso comprovado como gestor prudente no mundo dos negócios, capaz de compreender a necessidade de correr um certo risco e investimento proativo no negócio, isto é, alguém que pense em termos de resultados e estratégia de longo prazo
- facilidade e habilidades comprovadas no estabelecimento da direção e visão bem como em "arregaçar as mangas", trabalhando em atividades de vendas táticas no dia a dia
- comprovada capacidade de liderança com excelentes habilidades comunicativas (saber tanto falar quanto ouvir) e habilidade de trabalhar excepcionalmente bem em um ambiente colaborativo
- reconhecidas habilidade cognitiva e curiosidade intelectual
- reconhecido sucesso como motivador, *coach* e treinador
- sucesso comprovado como pensador estratégico, embora sentindo-se à vontade com a rotina diária
- reconhecido sucesso como agente de mudanças proativo
- capacidade demonstrada de influenciar e persuadir pessoas
- habilidade comprovada no questionamento, em saber ouvir, negociar, qualificar e fechar vendas
- resultados comprovados na gestão ordenada de portfólio de projetos

Em geral, entre os critérios básicos para selecionar os melhores candidatos, temos: experiência, habilidades técnicas e interpessoais, ser digno de crédito, ótima reputação e flexibilidade para viagens. Pode ser que existam outras mais específicas ao próprio cargo.

Por exemplo, os critérios necessários na contratação de um vendedor voltado para o desenvolvimento de relacionamento em uma empresa que está crescendo, passando de uma startup para uma empresa

CONTRATANDO DE FORMA INTELIGENTE! 97

que atingiu o segundo estágio de crescimento são completamente diferentes daqueles usados por uma empresa como a Procter & Gamble para a mesma função. Em grandes empresas já estabelecidas no mercado, os principais critérios para contratação de funcionários devem favorecer a manutenção da relação existente com clientes de longa data e não a busca agressiva por novos clientes. Esta categoria de candidato é conhecida como "fazendeiro" que nutre e mantém fértil o relacionamento com o cliente. Empresas que estão avançando para o segundo estágio de crescimento rotineiramente procuram o tipo de candidato "prospector/caçador" para o cargo: eles precisam de alguém com capacidade comprovada para encontrar, assegurar e desenvolver novos negócios.

Ao construir uma organização de vendas para uma empresa que atingiu o segundo estágio de crescimento, além do linguajar típico concernente às habilidades para prospecção de fato, saber lidar com objeções, argumentação de vendas e fechamento de negócios, adicionei atributos que acredito estarem intimamente relacionados com o sucesso na função. Embora não seja uma lista completa, alguns desses atributos seriam os seguintes:

- motivação profissional e pronto para investir tempo e esforço significativos
- mostrar um alto grau de curiosidade intelectual
- desenvolto
- mostrar habilidade em ser um defensor do cliente
- ter demonstrado habilidade na construção de relações profundas e duradouras dentro de uma organização
- demonstrar habilidades comunicativas bem desenvolvidas, capacidade de discernir manobras tácitas, aquilo que é dito e o que permanece não dito e as reais intenções do cliente

A lista acima certamente não se aplica a todas as funções em vendas, mas cada ambiente tem um conjunto de atributos e competências, além das exigências técnicas para o cargo, que estarão relacionados com o sucesso nele. O importante é entender o que são eles e ter um processo que traga à tona provas de que os comportamentos necessários para o sucesso são de fato uma parte estabelecida do repertório das pessoas que você contrata.

A execução deste primeiro princípio pode ser enfadonha. É sempre tentador pular todo este processo baseando-se na teoria de que "Sei distinguir o talento". Esta abordagem a esmo conduz, invariavelmente, ao desperdício de esforços para recrutamento e contratações inadequadas. Invista o tempo necessário antecipadamente para definir o cargo e os critérios com suficiente rigor e disciplina de modo a poder contratar a pessoa certa.

Embora critérios específicos sejam vitais para a contratação do melhor candidato, é importante ser flexível ao avaliar cada candidato. Por exemplo, a habilidade cognitiva conforme demonstrado em formados que conseguiram suportar cursos superiores com quatro anos de duração é um critério-chave para ser bem-sucedido em quase todos os trabalhos. Ao fazer a contratação de pessoas para funções de vendas consultivas mais complexas, usei o 50.º percentil como limite mínimo absoluto ao contratar pessoas para a área de vendas. Uso um mínimo muito maior quando se trata da contratação de pessoas para cargos executivos e de diretoria.

Entretanto, é importante pesar a habilidade cognitiva em relação à capacidade de se comunicar efetivamente com os colegas, à criatividade e uma inteligência emocional (QE) alta é um importante critério geral, mas estes outros fatores podem ser igualmente ou até mais importantes para uma função específica.

Para a maioria dos empregadores, experiência relevante parece estar entre os critérios mais fáceis de serem citados para candidatos a cargos médios e altos. A experiência é facilmente quantificável e concreta, mas ela pode ser acentuadamente supervalorizada no processo de contratação. Encorajo-o a pensar na natureza e no grau de experiência realmente necessários para o cargo em questão. A experiência nem sempre transmite o quadro total do potencial e das capacidades de uma pessoa.

Avaliar o valor da experiência é um dos aspectos envolvidos na arte de contratar de forma inteligente. Embora seja bom incluir a expe-

CONTRATANDO DE FORMA INTELIGENTE!

riência como um dos critérios básicos para a maioria das funções, ela precisa ser colocada dentro do contexto dos demais atributos de um candidato. Ficar muito preso a um tipo ou nível específico de experiência pode resultar na exclusão de candidatos que poderiam ter muito mais potencial do que aqueles que você acaba considerando apenas por você ter definido o requisito experiência de uma forma muito estreita.

Por exemplo, há alguns anos eu estava fazendo uma viagem para ir ajudar uma nova gerente que estava encarregada de dirigir nosso escritório novinho em folha de Los Angeles.

Esta gerente foi me pegar no aeroporto. No carro, junto com ela, estava a recém-contratada supervisora administrativa, uma pessoa com quem ela já havia trabalhado em outra empresa em uma função administrativa semelhante. No caminho para o escritório, comecei a perguntar sobre o *background* desta contratada. Como estávamos na Freeway 405 em Los Angeles, tínhamos um certo tempo, acabou se revelando que ela era formada pela USC, foi muito bem lá e parecia atender – ao menos superficialmente – a maior parte dos critérios que estávamos buscando para preencher uma das vagas de desenvolvimento de negócios naquela filial.

Após consultar a gerente, concordamos em colocá-la no processo de recrutamento e seleção que usávamos na época para cargos de desenvolvimento de negócios. Ela teve um ótimo desempenho. Logo depois disso, oferecemos a ela o cargo e começamos a busca por uma nova supervisora administrativo. Ela continuou e conseguiu alcançar as melhores posições entre os profissionais de desenvolvimento de negócios da empresa.

Se tivéssemos nos limitado, segundo nossas exigências, que um candidato àquela função teria que ter pelo menos 3 a 5 anos de experiência e sucesso em vendas consultivas, esta pessoa jamais teria sido considerada para o cargo para o qual ela se adaptou tão bem.

PRINCÍPIO N.º 2: PROCESSO E DISCIPLINA

À medida que as empresas crescem, atingem e ultrapassam seu segundo estágio de crescimento, algum tipo de processo seletivo formal deve ser colocado em prática. Uma vez seguido o princípio n.º 1 e descrito o cargo e os critérios necessários para um candidato bem-sucedido, criar um sistema que irá efetivamente encontrar, entrevistar e avaliar possíveis candidatos é o próximo importante passo para admissão de talentos de primeiro nível. Entretanto, você tem que ter a disciplina necessária para seguir o processo.

Logo no início de minha carreira me dei conta da importância dos processos e da disciplina. Após uma bem-sucedida passagem de oito anos pela General Electric durante a qual tive que contratar uma série de pessoas, imaginei que eu fosse "muito bom" na contratação de talentos pois muitos dos indivíduos que eu havia contratado eram realmente bons. Entretanto, agora eu me encontrava em um ambiente empreendedor, sem a marca GE, com a necessidade de rapidamente montar equipes desde a estaca zero. No final de meu primeiro ano minha taxa de acerto na contratação de pessoas que provaram ser de alto nível era, na melhor das hipóteses, de 50%. Embora isso possa ser aceitável em uma empresa gigante como a General Electric e quando se está apenas aumentando incrementalmente a cada ano uma equipe, trata-se de um problema enorme em uma empresa que atingiu o segundo estágio de crescimento em que equipes inteiras são novas.

Sob pressão para que rapidamente as filiais estivessem funcionando, acabei contratando as pessoas erradas para dirigir cada um dos três pontos na Califórnia, todas no mesmo ano. Já que é altamente improvável que gerentes de segundo nível consigam contratar equipes de primeiro nível, a ineficácia destes afetou toda a rede e nenhuma das filiais estava tendo um desempenho próximo do esperado. Depois de uma reunião do conselho particularmente memorável em que o seu presidente mencionou que "seria uma boa ideia ir até a Califórnia e não voltar de lá até que o problema estivesse solucionado", cheguei à conclusão de que eu tinha que mudar o processo de contratação de pessoal – e rápido.

Para resolver o problema, acabei envolvendo no processo uma psicóloga industrial/organizacional. O objetivo era duplo: resolver os problemas que eu havia criado na Califórnia e colocar em ação um processo e disciplina para futuras atividades de recrutamento que, em

CONTRATANDO DE FORMA INTELIGENTE!

última instância, iria mitigar o risco deste tipo de desastre acontecer novamente. Esta psicóloga me ajudou a instituir um novo processo de recrutamento que iria aumentar as chances de sucesso na contratação de profissionais para ocupar funções de campo em filiais que envolviam um custo elevado e um alto risco, quais sejam as de gerente-geral e gerente de contabilidade.

Desenvolvemos o seguinte procedimento para todos os candidatos:

- um conjunto de testes padronizados de avaliação para todos os candidatos; estes testes abrangiam uma lista das competências e atitudes mais críticas e necessárias correlacionadas com o sucesso na função
- um perfil para candidatos que fosse baseado em fatos, com a avaliação de toda a equipe de gerentes e dos vendedores para correlacionar pontuações de testes específicos com um alto desempenho
- um guia de entrevistas para cada cargo e uma planilha de resultados para respostas às perguntas

Este procedimento foi desenvolvido para manter-se eficaz a longo prazo e garantir conformidade com as expectativas para o cargo. Treinamos todos nossos gerentes em posição para realizar contratações no emprego deste procedimento. Ninguém poderia ser contratado sem passar por ele. Não havia abertura para nenhuma exceção. Os resultados de cada candidato eram quantificados e revistos junto com aqueles que tomariam a decisão. Eles servem, como base objetiva para todas as decisões relativas a contratações.

Um ano depois da implantação deste processo, a rotatividade de mão de obra no setor de vendas da companhia foi reduzida para menos de 10% e o desempenho cresceu exponencialmente. A empresa acabou crescendo organicamente de US$ 3 milhões em 1989 para uma receita projetada de mais de US$ 100 milhões em 1994, culminando em uma oferta pública inicial em maio de 1994, que acabou se revelando ser a segunda melhor IPO daquele ano na NASDAQ. Caso eu tivesse tido a visão de instituir este sistema um ano antes, estimo que a companhia teria crescido ainda mais rápido com uma receita projetada de US$ 150 milhões.

PRINCÍPIO N.º 3: NÃO SE CONTENTE COM POUCO

Mesmo quando um processo formal se encontra implantado e os gestores que estão contratando estejam treinados para segui-lo, normalmente existe uma pressão de contratar-se o melhor candidato *disponível* e seguir em frente. Isto é especificamente válido quando se está tentando alcançar os objetivos de expansão no segundo estágio. O que fazer quando os candidatos são aceitáveis mas não estrelas? Medianos, mas não especiais? Trata-se de uma questão capciosa que requer bom senso e sabedoria.

Embora seja difícil de se acreditar, estudos revelam que o custo associado à contratação da pessoa errada é bem maior do que o custo de deixar a vaga existente em aberto. Uma contratação errada pode gerar danos à imagem de sua marca e nas relações com os clientes, perturbar o ambiente interno e consumir recursos sem contribuir para o crescimento da empresa. Resista à tentação de contratar uma pessoa apenas para ter "alguém para fazer número" no lugar. Isto lhe irá poupar dores de cabeça e dinheiro.

Não existe uma regra prática categórica, mas se a decisão for difícil ou se ninguém tiver ficado muito entusiasmado com o candidato, é provável que estará cometendo um engano caso você vá adiante. Se houver controvérsias entre os membros da equipe, normalmente isto indica que a pessoa não funcionará bem no longo prazo. Você se dará muito melhor descartando este candidato e continuando a busca por um candidato melhor.

É aí que a maior parte dos erros é cometida no processo de contratação de um candidato. Vagas em aberto, a pressão para preenchê-las, a crença de sermos suficientemente hábeis na condução de modo a podermos remediar ou "trabalhar" os pontos fracos do candidato – tudo isso faz com que reduzamos nossos padrões e contratemos indivíduos que não deveríamos. Caso esteja arranjando desculpas, dando de ombros como se estivesse dizendo "vale a pena arriscar" ou simplesmente

CONTRATANDO DE FORMA INTELIGENTE!

querendo, de forma manifesta, não ter mais que pensar no assunto, é bem provável que você cometa um engano. Ao fazer isso, pergunte a si mesmo se estaria disposto a apostar US$ 1 milhão do próprio bolso de que esta pessoa irá funcionar. Caso hesite, não se acomode. Continue entrevistando outros candidatos.

Em algumas empresas, o recrutamento efetivo requer o estabelecimento de um processo um pouco diferente. Entretanto, um processo diverso não significa necessariamente que o processo não deva ser realizado com disciplina e rigor. Se pensarmos na SoulCycle, que foi apresentada no capítulo anterior, um dos pontos de alavancagem fundamentais para o seu sucesso é a qualidade de seus instrutores. Afinal de contas, se alguém está pagando um preço mais caro para viver uma experiência diferente na prática de exercícios, grande parte da qualidade desta experiência dependerá da capacidade e da personalidade dos instrutores. Estes instrutores têm que ser *realmente* bons. Sob diversos aspectos, os instrutores são o produto que a SoulCycle está vendendo, portanto, no caso da SoulCycle, o processo de contratação está mais para uma audição do que para uma entrevista. Sob diversos aspectos é como se estivéssemos selecionando um ator para um determinado papel. Na realidade, um instrutor também deve ser alguém que entretenha "a plateia" e esta última capacidade importa mais do que a capacidade técnica.

Com esta visão então, não é nada surpreendente que a SoulCycle contrate segundo um critério de capacidade e não pela experiência do candidato; os gerentes estão em busca de "artistas" e não de ciclistas consumados. De acordo com a revista *New York*, um processo de seleção típico se inicia com cerca de 80 pessoas que passam por uma audição antes de poderem se tornar um instrutor. Os gerentes selecionam de oito a doze deles para passarem por um período de treinamento de oito semanas e, quem sabe, sete destes farão parte do elenco final. Os candidatos não são pagos por este período de treinamento, mas as "aulas" são grátis. Uma abordagem diferente sob certos aspectos, mas a ideia em sua essência é a mesma do processo descrito anteriormente. A SoulCycle compreende quais competências estão correlacionadas com o sucesso dos instrutores e eles desenvolveram um processo de contratação para garantir que contratarão aquelas pessoas que serão funcionários "classe A". Se pensarmos a seu respeito, este processo de oito semanas irá avaliar completamente todos os candidatos e erros de contratação serão muito raros. Quando se observa a beleza física e o condicionamento quase perfeito dessas pessoas juntamente com suas qualidades de entretenimento, se entende o porquê.

PRINCÍPIO N.º 4: RECRUTAR SEMPRE

Os profissionais de vendas têm um ditado: "Vender sempre". À medida que você avança com seu plano para o segundo estágio de crescimento, as prioridades e o quadro de pessoal irão mudar. Portanto, na condição de líder em sua marcha adiante, você deve ter uma máxima semelhante: "Recrutar sempre". Bons profissionais podem ser provenientes de várias fontes e é preciso estar vigilante sempre na busca de talentos. Verdadeiros talentos de primeira ordem são raros; é preciso estar em busca deles a todo momento.

Apesar da tendência atual de depender do poder de sites Web, do LinkedIn e de outros sites de relacionamento social, uma indicação pessoal de alguém em quem confia ainda é uma das melhores formas de encontrar novos talentos. Alguns dos melhores profissionais provêm das indicações de outros profissionais de alto desempenho já presentes em sua empresa. Seja proativo em tirar proveito desta fonte. Esteja disposto a reservar o tempo necessário para se encontrar com pessoas mesmo quando você não tem a mínima ideia se elas atendem ou não suas necessidades atuais. Referências dadas por outros profissionais do setor em que sua empresa atua ou em campos relacionados também são uma ótima fonte. Um dos grandes obstáculos que afetam a eficácia no recrutamento é a inabilidade do gerente que está contratando em formar um manancial de candidatos de modo a haver um número suficiente de candidatos de alto nível a serem considerados. Reserve um tempo para você mesmo fazer a seleção ou então contrate profissionais para fazer isso, mas certifique-se de formar este manancial antes de decidir contratar.

CONTRATANDO DE FORMA INTELIGENTE!

A MBO Partners, uma empresa que atingiu o segundo estágio de crescimento com sede na periferia de Washington, D. C., aderiu a esta estratégia à medida que crescia. Gene Zaino, seu CEO, selecionou cuidadosamente cada um dos seus subordinados diretos ao longo dos últimos anos à medida que se preparava para um crescimento mais rápido. Em todos os casos, seja ele ou alguém que ele conhecia muito bem tiveram amplo contato com cada candidato antes desta pessoa passar a fazer parte da MBO Partners.

Praticamente em todos os casos, Gene se encontrou com o candidato que ele finalmente acabou contratando bem antes de seu plano de expansão ter sido implementado. Atribuiu a si mesmo a incumbência de conhecer a personalidade, bagagem cultural, capacidade e potencial do candidato antes da pessoa fazer parte de sua equipe. Ele reservava tempo para cultivar a relação e avaliar o candidato ao longo do tempo segundo seus critérios para a vaga que ele precisaria preencher.

Há alguns anos, Gene viu uma oportunidade de formalmente desenvolver um canal inteiramente novo para os serviços da MBO que eles vinham oferecendo de forma esporádica e segundo a necessidade até aquele momento. Ele foi capaz de rapidamente aproveitar esta oportunidade de mercado já que vinha construindo uma relação durante os últimos quatro anos com um executivo que ele acreditava poder vir a ser um destacado presidente dessa nova divisão. Assim que a oportunidade se apresentou de fato, ele contatou o candidato e o fez passar pelo processo de contratação. Porém, até certo ponto, o processo de contratação já vinha ocorrendo há quatro anos. O conhecimento que Gene tinha sobre a adequabilidade deste candidato serviu para acelerar o processo com um risco mínimo. Hoje este canal, sob a liderança desta inteligente contratação, é um contribuidor importante para o sucesso da MBO como um todo.

O benefício geral derivado de uma filosofia de recrutamento contínuo é grande mesmo quando se tem aspirações de crescimento modestas. Isto é incrivelmente verdadeiro quando se está rumando para um crescimento agressivo como parte de seu segundo estágio. Criar um canal de pessoas com grande capacidade que poderiam vir a ser contratadas pela sua empresa quando a necessidade se materializar –

seja daqui a seis meses ou dois anos – é essencial. Sem um manancial de talentos do qual poderia se lançar mão rapidamente, você corre o risco de não otimizar os seus resultados enquanto luta para encontrar um talento para atender uma necessidade imediata de preencher uma vaga. Ir atrás de um talento apenas depois de reconhecer uma necessidade não lhe será muito favorável.

Por exemplo, conforme mencionado anteriormente, um dos membros do conselho de administração do Parson Group era professor da Harvard Business School. Ele indicaria estudantes com potencial para nossa empresa, que na oportunidade se encontrava em plena fase de expansão. Durante um período de cinco anos, contratamos seis ex-alunos deste professor. Uma destas contratações foi diretamente da Harvard, mas as demais haviam seguido caminhos mais tradicionais de conseguir emprego em consultorias ou em grandes empresas de produtos de consumo depois de se formar na Harvard. De alguma forma, este nosso membro do conselho vinha a saber do descontentamento de alguns de seus ex-alunos nestas grandes empresas e que estavam propensos a algo mais empreendedor. Ele me mandava estas pessoas virem falar comigo. Em alguns casos, tínhamos uma necessidade imediata e podíamos contratar a pessoa assim que ela passasse com sucesso pelo nosso processo de contratação.

Na maioria dos casos, entretanto, nós nos encontrávamos com a pessoa, ficávamos conhecendo seus talentos e expectativas, onde o candidato queria viver e se a pessoa parecia adequada, arquivaríamos estas informações e consideraríamos esta pessoa para uma oportunidade futura. Quando nossa necessidade coincidisse com a do candidato e ele ainda estivesse interessado e disponível, faríamos a pessoa passar pelo processo de contratação. Obviamente, esta não era a única estratégia por nós empregada já que a empresa, em última instância, cresceu e chegou a 600 empregados com todo tipo de experiência. Mas ela gerou alguns resultados extraordinários.

Nem todo mundo gosta de analogias esportivas, mas na linha de frente dos talentos todos nós podemos tirar lições de como as equipes esportivas focam sem cessar na busca de talentos. Eles sempre estão atrás de indivíduos que possam se juntar à equipe e contribuir. Jogado-

CONTRATANDO DE FORMA INTELIGENTE! 107

res de alto desempenho podem fazer a diferença entre a vitória e a derrota. Jogadores que não contribuem da forma esperada são cortados. Não estou sugerindo que você adote exatamente as mesmas práticas de contratação de um treinador da NFL. Porém, para mim fica claro que ao se apresentar a oportunidade de adicionar gente talentosa à equipe, é preciso recrutá-los de forma tão séria como os técnicos contratam seus jogadores.

PALAVRAS FINAIS

Quando sua empresa estiver pronta para cair de cabeça no segundo estágio de crescimento, contratações feitas de modo inteligente lhe dão uma vantagem competitiva. Pessoas talentosas em todos os níveis de sua empresa irão superar suas expectativas; pessoas medianas levarão sua empresa para baixo. Há uma enorme diferença nos resultados produzidos por uma pessoa comum em relação a uma que é excepcional. De modo a recrutar talentos de alto nível, é preciso ter a visão e a disciplina de avaliar os candidatos a fundo. Práticas de contratação a esmo, inconsistência e falta de disciplina irão produzir resultados desastrosos. Dados mostram que custa bem mais contratar mal do que deixar de contratar.

Apesar da pressão para expandir a empresa, é preciso investir tempo para contratar de forma inteligente. Defina o cargo e seus critérios de forma clara e concreta. Institua um processo de avaliação formal para buscar candidatos e avaliá-los objetivamente e em entrevistas. Treine os gerentes que farão contratações para que tenham a disciplina necessária para seguir o processo sem exceção. Esteja aberto e flexível para fatores que afetem os critérios definidos, como experiência e habilidades. Apesar da pressão para contratar não se contente com um candidato mediano apenas por conveniência. E, independentemente de suas necessidades de contratação, sempre recrute os melhores. Crie um manancial de candidatos de grande calibre dos quais você poderá lançar mão no momento certo.

Uma organização só é sólida se assim forem as pessoas que fazem parte dela. Por mais que você queira fazer tudo sozinho, na qualidade de empreendedor de segundo estágio, é preciso delegar responsabilidade para uma equipe de profissionais talentosos para poder crescer. À medida que constrói a sua empresa e se prepara para um crescimento sólido, um foco incessante em acertar na sua estratégia de contratação é a maneira mais garantida de atingir os seus objetivos.

Capítulo 6

O NOVO MODELO DE VENDAS

O PRÓXIMO PASSO DE UMA STARTUP É A HORA DA VERDADE. Este é o estágio em que sua empresa cresce. Você não está mais localizado em sua casa ou garagem ou em algum espaço aberto com mesas alugadas, falando aos brados com seus colegas de trabalho sobre ideias que farão o negócio ir para a frente. É o momento de pensar menos em sobreviver e mais em crescer.

Você já provou que sua startup é bem-sucedida. Criou um plano de ação para o segundo estágio de crescimento. Seus produtos são inovadores e competitivos. Já conseguiu recursos de capital e montou um conselho de administração com experientes conselheiros. Está contratando os melhores e mais brilhantes. Mas a menos que sua empresa esteja baseada em um modelo de negócios que dependa de marketing para trazer volume, como o de varejo tradicional, varejo via Internet ou B2C,[35] provavelmente você depende de uma organização de vendas dedicada para conseguir novos clientes e depois mantê-los. O segundo estágio de crescimento exige que você reavalie sua atual equipe de vendas para que ela atenda os novos objetivos e demandas da empresa.

Consideremos, por exemplo, uma empresa chamada WebFilings. A WebFilings foi aberta em 2008 para atender uma necessidade específica no mercado de demonstrações financeiras. Seus fundadores sabiam que novas normas exigiriam que todas as sociedades de capital aberto teriam que, a partir de 2009 registrar na SEC – Securities and Exchange Commission (equivalente, nos EUA, à nossa Comissão de Valores Mobiliários) suas demonstrações financeiras trimestrais e anuais no formato XBRL. O plano de negócios da empresa era desenvolver uma plataforma tecnológica baseada na nuvem que ajudaria a automa-

---

[35] B2C – Sigla de *business-to-consumer* (ou *business-to-customer*) usada para descrever a venda de produtos, serviços ou informações para consumidores através da Internet. Fonte: *Oxford Business English Dictionary*, OUP. (N.T)

tizar o registro eletrônico dessas demonstrações, o que ajudaria essas empresas a cumprirem a regulamentação da SEC.

Trabalhando da forma mais ágil possível, os fundadores da empresa conseguiram lançar uma versão beta do *software* em 2009. Depois disso, a WebFilings tinha que descobrir uma maneira de aumentar rapidamente suas receitas para aproveitar a oportunidade de mercado antes de possíveis concorrentes fazê-lo. A empresa tinha que encontrar uma forma de prospectar, qualificar e atrair clientes potenciais para o *software* da WebFilings. Tratava-se de uma tarefa gigantesca considerando-se que os clientes potenciais da WebFilings eram todas as sociedades de capital aberto dos Estados Unidos, um total aproximado de 15.000 empresas ao mesmo tempo.

A WebFilings se deparou com o clássico problema das startups que vendem *software*: como conquistar uma fatia significativa do mercado disponível da forma mais rápida e abrangente possível. Eles haviam criado um produto inteiramente novo antes dos concorrentes. O mercado estava a ponto de explodir. O plano de negócios da WebFilings incluía a criação de uma organização de vendas altamente eficaz como componente crítico do lançamento. A WebFilings decidiu contratar profissionais de vendas que se encaixassem no clássico perfil de "caçador" pois ela acreditava que eles poderiam ser bem-sucedidos na venda de volumes razoavelmente elevados de licenças de *software* relativamente baratas (custo médio anual de US$ 25.000 a US$ 50.000). A empresa precisava de vendedores capazes de começar a vender a todo vapor e criarem um impacto imediato.

A venda de *software* empresarial é uma venda transacional clássica e, tipicamente, não se baseia em relacionamento. O processo de venda é objetivo: obter o interesse do cliente, conseguir marcar uma reunião, mostrar os benefícios do *software*, lidar com as objeções, fechar a venda e seguir em frente. Neste mercado que se movimenta rapidamente, se um potencial cliente não demonstrar interesse, parta para o próximo. Depois da venda, um outro grupo dentro da empresa normalmente irá cuidar da implementação e do suporte. Isso mantém a equipe de vendedores focada naquilo que eles sabem fazer melhor: vender. A entrega e o suporte será preocupação de outras pessoas.

O NOVO MODELO DE VENDAS

No caso da WebFilings, a gerência já tinha experiência prévia do setor de *software* e sabia o que era preciso para manter uma empresa de *software* em andamento. Eles sabiam qual era o tipo de experiência e habilidades necessárias para impulsionar uma força de vendas de forma rápida e efetiva. A WebFilings forneceria o treinamento necessário no produto por eles comercializado, mas a curva de aprendizado não poderia ser íngreme. Simplesmente não havia muito tempo. Eles almejaram candidatos que já conhecessem o ramo de vendas de *software*. Motivados por um produto exclusivo, uma imensa base de clientes potenciais financeiramente bem posicionados e uma comissão de vendas atraente, a WebFilings estava em condições de contratar candidatos fortes e gerenciar a equipe de forma rigorosa para alcançar as metas traçadas.

Desde 2009 a empresa vem sendo extremamente agressiva na contratação de profissionais de venda de *software*. A atual equipe de vendas chega hoje à casa dos 100 profissionais. Graças ao seu esforço, as receitas cresceram de zero em 2009 para US$ 700.000 em 2010, US$ 15 milhões em 2011 e US$ 50 milhões em 2012. É bem provável que superem a barreira dos US$ 100 milhões em 2013. Neste curto espaço de tempo, eles estão em condições de dizer que têm como clientes 50% das 500 maiores empresas da revista *Fortune*. É verdade, a empresa tem um produto instigante. É verdade, o momento de entrada no mercado foi perfeito. Entretanto, de modo a crescer, de modo a criar valor para os investidores e gerência, os fundadores da empresa sabiam que era necessário um substancial investimento na organização de vendas para tirar proveito total da oportunidade de mercado.[36]

Porém, nem toda empresa que atingiu o segundo estágio de crescimento possui o capital financeiro para montar uma equipe de vendas de forma tão agressiva quanto fez a WebFilings – ou precisa fazer desta maneira. Consideremos, por exemplo, a experiência de uma empresa

---

[36] Os dados sobre a WebFilings foram reunidos a partir do site Web da empresa, de pesquisas nas redes sociais e de conversações/correspondências com os funcionários da empresa, algumas postadas nas redes sociais.

chamada Brandtrust. A Brandtrust foi fundada há 15 anos por Daryl Travis. Travis havia trabalhado anteriormente para uma agência de publicidade global. Ele queria criar um modelo de negócios diferente oferecendo aos clientes serviços não encontrados em grandes firmas. Através de uma pesquisa que revelou visões profundas e ocultas nas marcas dos clientes e nos clientes de suas marcas, a abordagem da Brandtrust, altamente colaborativa e orientada pela descoberta, ajudou clientes a resolverem complexos problemas de inovação e de marca.

A Brandtrust foi se firmando de forma lenta e estável ao longo dos 10 primeiros anos. Ela chegou ao ponto em que o modelo de negócios deu provas de estar certo, a empresa era sólida, mas o desenvolvimento de novos negócios era limitado pelo tempo que Travis e alguns membros-chave de sua equipe de executivos podia gastar na prospecção de novos clientes. Não sendo originalmente proveniente do mundo das vendas, sua ideia inicial de expansão das vendas era realizar um número maior de reuniões com possíveis novos clientes. Portanto, sua solução para o dilema era terceirizar a função de geração de *leads* para uma firma especializada em arranjar reuniões. Esta firma foi contratada para fazer telefonemas para acertar reuniões com Travis ou para algum de seus executivos.

Este método funcionava bem e Travis via o benefício de ter pessoas comprometidas com uma função de desenvolvimento de negócios sem a distração de também ter que atender clientes e fazer cobranças. O sucesso obtido com a equipe de agendamento fez com que ele se percebesse que deveria expandir a função de desenvolvimento de negócios dentro da própria empresa transformando-a em uma equipe de vendas dedicada formada por um gerente de vendas, quatro pessoas para agendarem visitas e uma equipe de profissionais de vendas. A empresa implementou um sistema CRM, definiu um processo de vendas e desfrutou de uma taxa de crescimento de dois dígitos em cada um dos anos em que tal estratégia foi implementada.[37]

---

[37] As informações sobre a Brandtrust foram levantadas a partir do site Web da companhia e de entrevista com seu CEO.

Todavia, conforme o próprio Travis constatou, simplesmente ampliar sua exposição a novos clientes não é o bastante para se atingir crescimento acelerado. É preciso ter uma equipe de vendas treinada para otimizar os clientes potenciais. O fator-chave no sucesso em vendas é instituir um processo de vendas definido e treinar a equipe de vendedores para segui-lo como disciplina, visão e engenhosidade.

Foram escritos muitos livros sobre a variedade de modelos de vendas e como ser bem-sucedido nas vendas. O presente livro possivelmente não faria jus a todo este tópico ao dar apenas uma visão geral das abordagens mais eficazes. Pelo contrário, inclui algumas ideias básicas que implementei com grande sucesso em três startups sucessivas. Estas ideias se destinam a ampliar sua estratégia de vendas. São elas:

- Desenvolva um discurso de vendas convincente
- Crie um processo de vendas definido
- Enfatize o valor de ser um consultor fidedigno para seu cliente
- Crie histórias que ilustrem o valor de seu produto ou serviço

DISCURSO DE VENDAS EFETIVO

Pesquisas revelam que um vendedor tem menos de um minuto para conquistar um cliente. Se a atenção dele não for conquistada dentro deste breve intervalo, o cliente "se desliga" e, a probabilidade de se progredir no ciclo de vendas diminui substancialmente. A presença e a personalidade do vendedor certamente têm um papel decisivo na reação inicial do cliente. O mais importante, entretanto, é aquilo que o vendedor diz em primeiro lugar a um cliente potencial. Geralmente conhecida como "conversa de elevador",[38] esta é uma ferramenta vital para o sucesso em vendas. Isto parece ser um princípio de vendas

---

[38] Termo usado para as apresentações rápidas para que seus membros possam vender a ideia de seu negócio, onde é feita uma analogia com a brevidade das conversas travadas quando se entra em um elevador. (N.T.)

muito básico, mas é mais difícil do que parece treinar vendedores para apresentar este discurso de modo efetivo.

Para avaliar a habilidade de sua equipe na apresentação deste discurso, sugiro um teste bastante simples. Peça para cinco pessoas de sua empresa voltadas para o desenvolvimento de negócios para afirmarem, em trinta segundos ou menos, *o que a sua empresa faz*. Em seguida faça a mesma coisa com outros cinco funcionários que não estão diretamente envolvidos em vendas. Finalmente, faça a mesma pergunta para cinco clientes de sua confiança. Imagino que você ficará surpreso, talvez alarmado, com as respostas.

O discurso efetivo deve declarar de forma clara e instigadora o que torna a sua empresa única. O conteúdo específico do discurso de vendas irá mudar dependendo da situação ou do papel do cliente que está sendo apresentado, mas a mensagem básica precisa ser *direcionada e consistente* para ser eficaz. Por exemplo, se estiver fazendo uma apresentação para um diretor financeiro você deveria usar jargão técnico ou financeiro. Porém, ao tentar convencer um gerente de nível intermediário ou alguém que tome decisões, talvez uma linguagem menos técnica e mais voltada para os negócios seja mais eficaz. Parte da técnica de apresentar um discurso de vendas convincente e eficaz vem do conhecimento da melhor forma de abordar um determinado público.

A importância de um discurso efetivo não pode ser superestimada. Se for capaz de fazer com que cada funcionário da sua empresa conheça e use este discurso independentemente da função do indivíduo, automaticamente você estará se preparando para ter um melhor desempenho do que seus concorrentes que não adotaram tal medida. O desafio é que não é fácil de fazer com que seus funcionários levem a sério esta tarefa aparentemente "simples". Todo mundo acha que é suficientemente inteligente para improvisá-lo, especialmente os vendedores e, em geral, o resultado é a apresentação de um discurso de vendas ineficaz, aleatório e inexato.

Constatei que a única maneira de fazer com que as pessoas aprendam tanto a mensagem quanto sua importância é fazer uma sessão de treinamento voltada para abordar os pontos fundamentais de um

O NOVO MODELO DE VENDAS

117

discurso de vendas eficaz. Seja através de uma videoconferência ou em reuniões presenciais com pequenos grupos, esta metodologia irá reforçar o conceito de toda a sua equipe de como elaborar um discurso persuasivo. Os pontos básicos são os seguintes:

- Quais são os pontos de interesse?
- Quais são seus diferenciais?
- Quais são os elementos comprobatórios para aquilo que você está afirmando?
- Como adaptar o discurso de vendas para diferentes tipos de clientes?

Uma vez que se tenha chegado a um consenso sobre os pontos críticos de conversação para o discurso, cada participante precisa recitar sua própria versão do discurso de vendas diante de uma câmera de vídeo. Este exercício toma bastante tempo, porém, vale muito a pena. Ao se verem na tela, por mais árduo que isso certas vezes possa ser, é a única maneira de fazer com que os membros da equipe reconheçam a importância de refinar e praticar o discurso de vendas. Uma vez que eles entendam completamente a necessidade de um discurso consistente e bem apresentado, o desempenho de suas vendas aumentará acentuadamente.

Recentemente conduzi um treinamento para uma bem-sucedida firma de assistência médica financiada por uma *private equity* e com sede em Los Angeles. O objetivo era treinar uma equipe de 20 operadores de *tele*marketing externos de como ser mais eficaz no agendamento de reuniões nas filiais da empresa espalhadas pelos EUA. Começamos o dia preparando o *script* básico conforme sugerido acima e depois passamos para uma sessão sobre como melhor lidar com objeções. Muitos pensam que o exercício não é tão difícil assim – até chegar o momento de incorporar aquilo que eles aprenderam e fazer uma apresentação diante das câmeras. Não é de se surpreender que a distância entre o quão bom seria o próprio desempenho imaginado pelos participantes *versus* o que eles observaram assistindo à apresentação gravada acaba sendo o catalisador para a equipe praticar e trabalhar na elaboração desta importante habilidade.

UM PROCESSO DE VENDAS DEFINIDO

A ideia seguinte a considerar ao treinar a sua equipe de vendas é certificar-se de estabelecer um processo de vendas definido. Praticamente todas as grandes empresas possuem um processo de vendas definido, porém, para as empresas de empreendedores bem como para aquelas que acabam de ingressar no segundo estágio de crescimento, esta não é a norma. Mais uma vez, este é mais um conceito relativamente básico, mas requer algum planejamento detalhado das etapas específicas necessárias para conduzir uma oportunidade de vendas, desde encontrar um cliente potencial até o fechamento do negócio. Todas as pessoas da equipe precisam seguir o mesmo processo de vendas para que o esforço aplicado na atividade de vendas seja efetivo.

Vender alguma coisa para alguém é uma das funções mais difíceis em qualquer empresa. Do ponto de vista gerencial, certamente não ajuda nada que muitos dos melhores vendedores trabalhem segundo um modelo bastante idiossincrásico que eles protegem cuidadosamente por medo da concorrência de seus colegas. Este hábito arraigado é difícil de ser tirado. Entretanto, dividir as melhores práticas com a equipe irá elevar o desempenho de cada membro da equipe e precisa ser uma meta criar um processo de vendas definido acessível a todos. Isto é particularmente importante no treinamento de novos vendedores.

Um processo de vendas bem concebido divide o ciclo de vendas total em etapas discretas, mas interligadas. Criar o procedimento para atingir e queimar certas etapas fundamentais para levá-lo adiante ajuda a definir claramente o caminho para fechamento da venda. O processo precisa ser concreto e lógico, baseado em uma clara equação da reciprocidade: siga as etapas e a probabilidade de uma transação ser bem-sucedida é aumentada enormemente. Embora cada situação seja diferente e o fator humano necessite de alguns ajustes, partir de um processo de vendas definido para sua equipe de vendas dá a cada um de seus membros um mapa para seguir no sentido de uma conclusão. Instaurar um processo de vendas definido coloca disciplina em algo que de outra forma poderia ser uma atividade completamente reativa e executada de modo inconsistente. É preciso também discutir onde aplicar recursos, que oportunidades valem a pena ser perseguidas e quais devem ser deixadas para uma outra pessoa ir atrás.

A maioria dos processos de vendas tem em comum alguns atributos básicos que são enumerados abaixo. Dependendo da estrutura de sua empresa, seu setor de atuação e do seu plano de crescimento, será preciso modificar alguns pontos, desfazer-se de outros e, quem sabe, criar alguns inteiramente novos. Mas estes pontos aqui apresentados servem como uma base prática para qualquer processo de vendas definido. Uma versão deste processo de vendas funcionou bem para mim em quatro empresas diferentes.

ETAPA 1: PESQUISA E PREPARAÇÃO DA CONTA
- **Estágio 1**: 0% Pesquisa e preparação da conta

ETAPA 2: IDENTIFICAÇÃO

- **Estágio 2**: 1% Prospectar uma nova oportunidade

- **Estágio 3**: 5% Telefonema inicial. O contato foi visitado. Foram reunidas informações mínimas. As capacidades iniciais foram apresentadas.

ETAPA 3: QUALIFICAÇÃO

- **Estágio 4**: 10% Feitos o perfil e a qualificação da oportunidade. O cliente potencial parece ser sério e há uma adequação potencial. Identificados problemas da empresa e de desempenho.

- **Estágio 5**: 15% Avaliação. Avaliação aprofundada do negócio do cliente potencial. O cliente potencial (ou o já cliente) tem disponível o orçamento para implementar uma solução. Tem um plano de como calcular o retorno sobre o investimento.

ETAPA 4: DESENVOLVIMENTO DA RELAÇÃO

- **Estágio 6:** 25% Consultoria. Foi desenvolvida uma solução; feita uma apresentação, gerada uma proposta, esta aprovada pelo diretor-executivo e apresentada ao cliente potencial.

- **Estágio 7:** 35% "Lista curta". Confirmamos que nos encontramos na "lista curta". Esta lista em geral não inclui mais do que dois concorrentes.

- **Estágio 8:** 40% Visita corporativa. Reunimo-nos com o CEO/executivos e apresentamos nossa solução proposta. Visita com as pessoas-chave do cliente no escritório deles ou no nosso.

- **Estágio 9:** 50% Reunião com aquele que toma a decisão – favorável. Reunimo-nos com o responsável pela tomada de decisão e acreditamos que ele esteja a favor de nossa solução.

ETAPA 5: FECHAMENTO

- **Estágio 10:** 60% Somos o fornecedor escolhido. Fomos informados que somos o fornecedor de soluções.

- **Estágio 11:** 70% Negociação. O cliente potencial está negociando preço e/ou condições. Enviado contrato para análise do cliente potencial.

- **Estágio 12:** 80% Acordado os termos do contrato. Foram acordados preços e condições de pagamento com aprovação nossa e do cliente.

- **Estágio 13:** 90% Faltando assinaturas. Aguardando o cliente ou cliente em potencial assinar o contrato.

- **Estágio 14:** 100% Contrato assinado.

ETAPA 6: EXPANSÃO

Estimular seus profissionais de vendas através de um processo que abranja toda a companhia irá ajudar a equipe a otimizar seus esforços e avançar no sentido de um desempenho maior e mais eficaz em termos de custos. Porém, não há nenhuma necessidade de reinventar a roda. Conforme mencionado anteriormente, já existem dezenas de processos de vendas estabelecidos dos quais você pode fazer a sua escolha. A maioria daqueles que eu já vi parecem bem similares; eles são adaptados à complexidade do produto ou serviço que está sendo vendido e provavelmente diferem dependendo se a venda envolve um único comprador ou uma empresa mais complicada com vários compradores e um número potencialmente igual de influenciadores. Praticamente todas as empresas de treinamento e desenvolvimento, além de terem uma biblioteca de cursos de técnicas por elas oferecidos, também definiram processos de vendas os quais eles encorajam seus clientes a implementarem além do treinamento normal. Embora a decisão sobre o processo de vendas exato seja importante, o que importa mais é a ênfase na disciplina: todo mundo deve seguir o processo.

Uma consideração muito importante ao estabelecer um processo de vendas é estabelecer as "cancelas" que governam a passagem de um estágio para outro. Por exemplo, não é incomum nos processos de vendas que eu supervisionei determinar que para uma oportunidade particular de sair da fase de "desenvolvimento" e entrar na fase de "fechamento", é obrigatório ter um representante do cliente atuando como um advogado para a empresa dele. Outra "cancela" comum poderia ser que um contrato deve ser assinado para que uma oportunidade vá da fase de "fechamento" para a de "implementação". Pode ser que isso pareça um pouco detalhado demais, mas lembre-se que os fatores probabilísticos dependem em parte de onde uma oportunidade se encontra no processo, de modo que a inexatidão e a inconsistência em definir corretamente o estágio de uma oportunidade irá superestimar ou subestimar a probabilidade do fechamento do negócio, levando a previsões de receitas errôneas.

O VALOR DE SER UM CONSULTOR FIDEDIGNO DE UM CLIENTE

No livro *The Challenger Sale: Taking Control of the Customer Sale* mencionado no Capítulo 5, os autores observam que o mundo do modelo de vendas tradicional mudou para sempre.[39] Hoje os clientes se encontram em condições de obter um grande volume de informações sobre sua empresa sem nem mesmo ter mantido contato com um representante de vendas. Para certos clientes potenciais não há mais necessidade de um preâmbulo sobre quem é a sua empresa ou o que ela faz. Muito provavelmente o cliente já saberá bastante a seu respeito no primeiro contato. Consequentemente, o profissional de vendas precisa trabalhar com o cliente de uma forma bem diferente daquela que muitos fizeram anteriormente.

Com base em dados de pesquisas oportunas, os autores sugerem que o sucesso no mundo das vendas de hoje provém de um modelo de vendas. A metodologia que eles sugerem é que os vendedores falem menos a respeito do produto ou serviço de suas empresas e mais sobre as necessidades do cliente e eduquem o cliente sobre a melhor forma de resolvê-las. Em suma, o vendedor trabalha no sentido de alcançar o *status* de um consultor fidedigno para o cliente, e não apenas aquele de um prestador de serviços.[40]

Entretanto, minha visão pessoal é que este conceito, embora certamente oportuno, não é tão novo assim. É um fato consagrado que um vendedor bem-sucedido tem que descobrir como fazer o jogo pender para o seu lado para conseguir a venda. A estratégia mais efetiva sempre foi a de estabelecer uma relação suficientemente profunda com alguém (ou uma série de pessoas) dentro da organização do cliente de modo a poder ter um nível de entendimento da organização do cliente e dos problemas da empresa que seja único e superior ao de possíveis concorrentes. A partir do momento em que ele se encontrar numa condição de um consultor respeitado que procura defender os interesses do cliente, o vendedor estará em uma condição excelente para usar esta influência para conseguir novos negócios.

---

[39] Matthew Dixon e Brent Adamson, *The Challenger Sale: Taking Control of the Customer Conversation*, Portfolio Books, 2011.

[40] Para uma explicação bem mais detalhada sobre o conceito de um consultor fidedigno, sugiro que o leitor consulte o livro: David Maister, Charles Green e Robert Galford, *The Trusted Advisor*, Touchstone, 2001.

O NOVO MODELO DE VENDAS

O segredo para tudo isso é executar o processo de vendas de uma maneira que lhe permita ajudar os clientes a entender certas coisas que eles não necessariamente conhecem sobre o mercado ou setor. Você os ajuda a analisar uma situação de uma maneira tal que eles acabem tendo uma perspectiva diferente daquela que de outra forma eles teriam trazido para a mesa de negociações. Ao fazer isso você cria uma "necessidade" que apenas a sua empresa está em condições de atender.

Portanto, a oportunidade se torna o que é conhecido como uma oportunidade para "um único fornecedor". Você não terá de se bater com outros fornecedores usando abordagens competitivas e, embora de forma alguma eu esteja sugerindo que cobrar qualquer valor além do preço justo seja algo a ser feito, você terá uma certa flexibilidade no preço caso a sua solução seja verdadeiramente única e o cliente perceba que a sua solução se encontra em uma condição única para oferecer o melhor caminho em frente.

No Parson Group ilustramos este poderoso modelo de vendas para nossa equipe usando gráficos como os das Figuras 6.1 e 6.2. Ensinar nossos vendedores como estabelecer uma conexão com o cliente como um consultor os coloca em uma condição de ajudar seus clientes com uma solução para um problema que eles talvez não tenham se apercebido antes. Nutrindo esta relação, acabamos vendendo um grande número de serviços "personalizados" ou "exclusivos" que tiveram um grande impacto no impulso de nosso próprio crescimento. Obviamente não dá para ter toda venda proveniente de uma sólida relação como consultor muito considerado pelo cliente, mas uma equipe de vendas eficaz irá usar tais relações para alcançar os melhores resultados.

FIGURA 6.1 Hierarquia das estratégias de venda

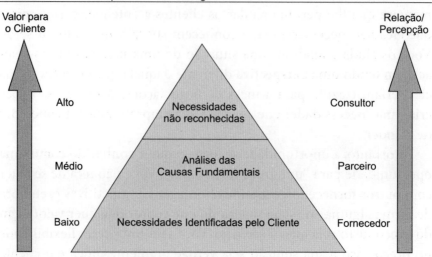

FIGURA 6.2 Síntese das metodologias de estratégias de vendas

	Necessidades "identificadas"	Necessidades "causas fundamentais"	Necessidades "não reconhecidas"
Quem identificou a necessidade?	Cliente	Cliente	Parson Group
Quem identificou a solução?	Cliente	Parson Group	Parson Group
Tipo de abordagem?	Reativa/de Retração	Consultiva/ Impulsionadora	Solução/ Posicionamento
Percepção por parte do cliente sobre o Parson Group?	Fornecedor	Parceiro	Consultor
Flexibilidade de preços?	Baixa	Média	Alta
Valor para o cliente?	Baixa	Médio	Alto

O VALOR DAS HISTÓRIAS

Pense em todos os relatos que você já ouviu ao longo dos anos. Pense nas reuniões (de negócios ou familiares) que você já participou. Pense nas empresas que conseguiram conquistar um grande número de clientes que "cultuam" a sua marca. O que tudo isso tem em comum? Histórias, reminiscências de eventos ou sucessos importantes. Somos atraídos por narrativas, especialmente aquelas que nos deixaram um *insight* ou uma lição. Quanto mais acessível e relevante for a história, mais nos lembraremos não apenas da história mas também de quem a contou.

O empreendedorismo de segundo estágio se fundamenta na história do sucesso de uma startup, no comprometimento na criação de novos produtos e na rápida expansão da organização, bem como de suas instalações e recursos. Os clientes são atraídos pelos vencedores e as histórias transmitem isso melhor do que qualquer gráfico.

Por exemplo, quando você entra no site de qualquer empresa, perceberá que existe uma guia chamada "Nossa História" ou "Quem Somos" onde você poderá ler a história da empresa. Estas histórias atendem a uma série de propósitos para o cliente. Para empresas novas, elas dão uma cara ao nome da empresa citando e colocando fotos de seus fundadores. Praticamente em todos os casos, elas promovem seu crescimento, seus conceitos de vendas e dedicam uma parte para relatar uma experiência única ou efetiva de um de seus clientes. As histórias servem como uma forma de os clientes terem informações sobre uma empresa antes de eles mesmo pensarem em fazer negócio com ela.

Embora estas histórias em forma de texto sejam o alicerce para o perfil de uma companhia, o poder das histórias contadas é de igual, se não maior, importância para o profissional de vendas. À medida que ele constrói uma relação com o seu cliente, o uso de histórias que ilustram o valor dos produtos ou serviços da empresa deixa o cliente mais próximo a querer adquiri-los. As histórias também servem para demonstrar como cada vendedor na qualidade de representante da empresa encontrou soluções para os desafios vividos por outros clientes. As histórias são uma das ferramentas mais incríveis para os profissionais de vendas promoverem suas empresas e angariarem novos negócios.

Contudo, nem todo mundo é um grande contador de histórias. É difícil elaborar um discurso de vendas para a maioria das pessoas usar sem algum treinamento e o mesmo vale para a criação de um conjunto de histórias ilustrativas a serem divididas com os clientes. Como fazer com que isso seja parte integrante de seu modelo de vendas? Como todos os funcionários poderiam contar histórias que irão promover a empresa para novos clientes, conduzindo ao crescimento?

Primeiramente, é preciso isolar aqueles tipos de histórias que serão atraentes. A história da fundação de sua empresa é suficientemente pitoresca e marcante para ilustrar a criatividade e a energia que sua empresa pode oferecer ao cliente? Quais elementos a tornam única e intrigante? A história de seu sucesso e o subsequente comprometimento com o segundo estágio de crescimento ilustram o perfil de mercado crescente em seu setor de atividade? A história de como o seu produto ou serviço por você assinado foi criado e promovido é empolgante?

Para iniciar o processo de reunião dessas narrativas, a gerência precisa conduzi-lo através da promoção de reuniões informais para compartilhar experiências que poderiam ser transformadas em histórias. É preciso garantir que todos conheçam a história da fundação da empresa, preferencialmente da boca do próprio fundador. Fotos antigas, demonstrações de produtos, lançamentos de sucesso e outros aspectos da origem da companhia ajudam a criar a narrativa como um todo.

Atualizar a história da empresa para incluir premiações e elementos de crescimento espetaculares como uma nova matriz ou expansão em todos os 50 estados norte-americanos, é um outro aspecto da história da empresa.

Mais importante ainda para o processo de vendas são as histórias dos clientes. Todo cliente imagina que os problemas de sua empresa são únicos. O vendedor inteligente usará a disposição do cliente em dividir seus próprios desafios e sucessos para alicerçar a relação e aprender como melhor atender suas necessidades. É importante treinar seus vendedores para observar que embora os clientes percebam como ten-

O NOVO MODELO DE VENDAS

do seu conjunto especial de desafios, sempre há aspectos de suas experiências que são similares ao que outros clientes encontraram.

É muito difícil conseguir que um cliente embarque na mesma jornada de estabelecimento de credibilidade e confiança ao se usar uma narrativa que se baseia mais em características/benefícios e não inclui nenhuma história de valor. Se o vendedor for incapaz de estabelecer credibilidade e confiança desde o princípio da relação que está sendo construída, se desenvolverá uma percepção negativa e o processo de vendas irá empacar. E pelo fato de esta ser uma percepção e, portanto, subjetiva em vez de se basear em fatos, o cliente não irá se sentir à vontade para expressar suas razões específicas para ser reticente com o vendedor. O vendedor não saberá o que aconteceu, apenas que o negócio morreu. É importante ensinar seus funcionários a serem profundamente cientes disso e medir as "percepções negativas" e como usar histórias para ajudar a transformá-las em percepções positivas.

Embora este processo não seja demasiadamente complicado, chegar a um ponto de proficiência em contar histórias que são impactantes exige um real esforço e habilidade. Cada vendedor deve estar bastante familiarizado com um número administrável de histórias específicas sobre sua empresa e experiências de seus clientes. Cada uma dessas histórias é redigida como um estudo de caso seguindo um formato específico destinado a ser compartilhado com toda a equipe. Mas as histórias são mais eficazes quando contadas como se fossem narrativas improvisadas pelo vendedor, totalmente personalizadas para mostrar similaridades com a oportunidade de um cliente ou possível cliente. As histórias funcionam apenas se o vendedor tiver praticado contá-las e souber de cabeça seus principais pontos.

Em geral, as histórias mais eficazes incluem alguma combinação das seguintes qualidades:

- o problema encontrado por um cliente, especificado pelo nome;
- como o cliente tentou resolvê-lo sem sucesso;
- como a empresa bolou uma solução que foi bem-sucedida; e
- o contínuo sucesso com este cliente.

Os melhores vendedores desenvolvem uma verdadeira mina de histórias para cobrir praticamente qualquer exemplo que poderia surgir durante o ciclo de vendas. Sim, o cliente pode de fato ser único e de tempo em tempo você irá se deparar com situações completamente novas para as quais não existirá nenhuma história pronta para contar. Entretanto, na condição de consultor fidedigno, você descobrirá formas inteiramente novas através das quais sua organização poderá ajudar um cliente de uma maneira que ninguém imaginou ser possível e construir uma história em cima disso para uso futuro.[41]

Embora a Shiftgig ainda seja uma empresa muito jovem, ela já domina um interessante leque de histórias. As histórias começam com seu fundador, Eddie Lou, que de capitalista de risco virou empreendedor. As histórias continuam com o fundador da empresa falando sobre o fato de ter notado que jovens na faixa etária dos 18 aos 23 anos não estavam presentes no LinkedIn. Em vez disso, a presença deles era no Facebook. Eddie Lou conjecturou que a razão para esta faixa etária não estar no LinkedIn é que pessoas deste grupo não possuem uma rede de contatos profissionais. Portanto, ele corretamente compreendeu que nem o Facebook nem o LinkedIn oferecem uma boa solução para o setor de serviços, que é um mercado enorme que contrata milhões de pessoas nesta faixa etária. À medida que a empresa passava do desenvolvimento de produto para o lançamento comercial, as histórias mudaram para experiências reais dos usuários enquanto usavam a plataforma. Essas histórias são visíveis para os usuários do Shiftgig, elas são promovidas em campanhas de marketing via *e-mail* e destacam como os indivíduos encontraram um trabalho fantástico. Em outras histórias os empregadores falam sobre o quão melhor é contratar usando o Shiftgig comparado aos métodos anteriores. As histórias devem estar funcionando menos de um ano após o lançamento comercial. A Shiftgig tem mais de um quarto de milhão de usuários individuais e praticamente dez mil empregadores que usam o serviço.

---

[41] Para uma leitura diferente, mas bastante valiosa, sobre o poder das histórias, sugiro o livro escrito por Craig Wortmann, *What's Your Story. Using Stories to Ignite Performance and Be More Successful*, Kaplan Publishing, 2006.

O NOVO MODELO DE VENDAS

Em seu livro, *Let's Get Real or Let's Not Play* (Portfolio Hardcover, 2008), Mahan Kalsa afirmou que a venda bem-sucedida trata-se realmente de ajudar os clientes a alcançarem o sucesso.[42] As histórias ajudam a criar criatividade e confiança e são um componente crítico em fazer com que os clientes se abram e tornem claras suas necessidades de modo a poder ajudá-los.

PALAVRAS FINAIS

Conforme visto, empreendedorismo de segundo estágio trata-se de transformar a maneira de se fazer negócio para alcançar o crescimento. Na maioria dos casos, você precisará reavaliar sua organização de vendas atual e seu modelo de vendas existente para atingir esta meta. De modo a dar apoio a um crescimento sustentado, provavelmente você precisará expandir sua equipe de vendas com pessoas ambiciosas e talentosas dedicadas a fazer com que a empresa cresça.

Porém, apenas contratar de forma inteligente, não irá levá-lo onde precisa estar. Será preciso instituir um processo de vendas definido e treinar a equipe para segui-lo com disciplina. O processo começa com o discurso que irá conquistar o cliente no primeiro contato. O processo de vendas precisa frisar que o modelo mais efetivo para vendas é cada vendedor individualmente se tornar mais do que um simples contato de vendas para produtos e serviços. Ele precisa ser treinado no processo de se tornar um consultor fidedigno para o cliente que está pronto para ajudá-lo a ser bem-sucedido encontrando soluções para seus desafios. Uma importante ferramenta neste processo é o poder das histórias alicerçarem e nutrirem esta relação com os clientes. Esta relação é o princípio orientador para este novo modelo de vendas que irá possibilitar a você expandir a sua empresa para o segundo estágio de crescimento e além.

---

[42] Mahan Kalsa e Randy Illig, *Let's Get Real or Let's Not Play: Transforming the Buyer*, Portfolio Hardcover, 2008.

Capítulo 7

ADMINISTRANDO ALÉM DAS MEDIÇÕES

O CRESCIMENTO NAS VENDAS É VITAL PARA QUALQUER EMPRESA dar o passo para o segundo estágio de crescimento. Estabelecemos a importância de contratar os melhores vendedores, tomando como base uma combinação de critérios como experiência, talento, potencial e inteligência. Com um forte investimento em uma nova e expandida equipe de vendas, o futuro é brilhante e o seu crescimento garantido.

Mas se examinarmos as reais circunstâncias do desempenho nas vendas e a gestão de primeiro nível em vendas ao longo dos últimos anos, surge um panorama grave que nos leva a refletir. Sobretudo o desempenho das organizações de vendas não atendeu as expectativas e isso afetou o crescimento das empresas.

Consideremos, por exemplo, os seguintes fatos concernentes às organizações de vendas nos Estados Unidos:

- Ao longo dos últimos dois anos, mais de 40% dos vendedores não atingiu sua cota anual (*CSO Insights 2001 and 2012*).[43]
- Em 2010, as organizações de vendas como um todo atingiram menos de 80% de suas metas. Apenas 1% das empresas disseram que a precisão de suas previsões era melhor do que 90% (*CSO Insights 2011 and 2012*).
- A rotatividade de profissionais nas organizações de vendas continua em 25% anuais (*CSO Insights 2011 and 2012*).
- Das pessoas novas para uma função, 46% não são bem-sucedidas em um prazo de 18 meses (*Chally Research*).[44]
- Um alto porcentual (63%) dos membros do Sales Executive Council diz que seus gerentes de vendas não possuem as habi-

---

[43] CSO Insights, 2011 and 2012 Sales Management Optimization Studies, http://www.csoinsights.com/Publications.

[44] Pesquisa do site Web Chally, www.chally.com.

lidades e competências necessárias para *evoluir* seus modelos de vendas e cerca de 10% não possui as habilidades necessárias para ser bem-sucedido no trabalho hoje em dia (*The Challenger Sale* 2011).[45]

Este último item traz consigo uma preocupação considerável. A gestão de vendas eficaz é a componente "que pode determinar a sorte" de qualquer iniciativa de vendas.

Você pode contratar os melhores vendedores, ter os melhores produtos e oferecer sólido suporte técnico, mas sem gerentes inovadores e resolutos, a organização de vendas não atingirá seu potencial pleno. É preciso ter líderes para desenvolver e orientar cada vendedor, manter a equipe alinhada, estimular esforços para o crescimento e apagar incêndios para manter todas as atividades de vendas focadas em atingir (ou superar) as metas.

A principal razão para um baixo desempenho nas vendas normalmente pode ser encontrada nos gerentes de vendas de primeiro nível. Esta causa fundamental é especialmente verdadeira em startups prontas para o segundo estágio de crescimento. A empresa agora tem novas metas e necessidades para expandir sua base de clientes para além da existente. As habilidades em vendas que fizeram a startup ser suficientemente bem-sucedida para crescer agora não serão capazes de levá-la ao estágio seguinte e além dele. Os gerentes de vendas, na medida em que dependem de seu *staff*, se encontram na linha de fogo. Eles precisam aceitar o novo conjunto de regras e expectativas e gerenciar a força de vendas para atingir o sucesso.

A maioria dos gerentes de vendas é ex-vendedor. Na maior parte dos casos, é o sucesso deles no campo como profissionais de vendas que os levam a ser promovidos para gerentes. Por um lado, isso parece fazer sentido. Um vendedor de primeira linha naturalmente saberia o que é preciso para ser bem-sucedido no campo e seria capaz de liderar seus colegas para alcançarem o mesmo sucesso. Contudo, a experiên-

---

[45] Matthew Dixon e Brent Adamson, *The Challenger Sale: Taking Control of the Customer Conversation*, Portfolio Books, 2011.

ADMINISTRANDO ALÉM DAS MEDIÇÕES

cia nos diz que este não é o caso. Os atributos que contribuem para o sucesso no campo nem sempre se traduzem em sucesso em um uma função de gerente de vendas.

Usando uma analogia do campo esportivo, promover um excelente vendedor para o cargo de gerente de vendas é parecido com pegar um ex-centroavante goleador e querer transformá-lo em um treinador ofensivo.

Ele poderia ser bom ou até mesmo brilhante em sua função atual como centroavante goleador. Entretanto, seus talentos no campo de jogo, seu instinto, ferocidade, resistência, fôlego e velocidade não são relevantes para os talentos necessários para ser um treinador. Na condição de atleta, embora ele possa ser um jogador que jogue para o time, ele é determinado, focado em seu papel específico e não se preocupa como seus companheiros desempenham seus respectivos papéis (não obstante a ajuda dada por eles).

Um treinador tem de ter uma visão mais ampla da equipe e do jogo em si. Ele precisa levar em consideração os pontos fortes e fracos de cada jogador. Precisa ter certeza de que os jogadores entendam e adotem as táticas de jogo planejadas. Ele precisa ser flexível em face da competição, mudar de marcha quando necessário, transmitir as mudanças de forma rápida e clara para então levar o time à vitória. Seus pontos fortes como jogador já não contam mais. O seu foco agora tem de ser no time.

Qualquer empresa pronta para entrar no segundo estágio de crescimento não pode arcar com o erro de contratar um jogador que não esteja em condições de ser técnico. Empresas neste estágio precisam de seus vendedores de primeira linha no campo para continuar o embalo que ajudou a fazer da startup um sucesso. A prática de promover vendedores altamente eficientes para ocupar cargos de gerência de vendas sem considerar as exigências críticas para a função podem ser responsáveis pela alta porcentagem de gerentes chegando ao cargo sem as principais habilidades e competências para ser bem-sucedido nele. Esta estatística, associada ao igualmente alarmante fato de que praticamente metade de todas as pessoas contratadas para desempenhar uma nova função fracassa no primeiro ano e meio, indica que deve haver uma maneira melhor de encorajar gerentes de vendas de primeiro nível.

Pensemos de um modo diverso – qual o foco primário de um vendedor? Tipicamente, um vendedor tenta gerar o máximo de receita possível através da venda dos produtos e serviços de seu portfólio. Eles medem seu sucesso basicamente pela posição que ocupam em *rankings* internos que consideram receita e fechamentos de negócios mensais comparativamente aos seus colegas e querem ter certeza que estão qualificados para conquistar a viagem de prêmio oferecida pela companhia.

Portanto, imagine o choque cultural sofrido quando este mesmo tipo de vendedor passa para um cargo gerencial. Em vez de ser uma estrela independente, de uma hora para a outra ele passa a ser responsável pelas carreiras, sucessos, dificuldades, receitas e margens de lucro das demais pessoas da equipe. É preciso que uma pessoa adequada para o cargo tenha vontade e comprometimento para assumir esta responsabilidade e fazer este ajuste.

DEFININDO UM GERENTE DE VENDAS

Quando sua empresa ingressa no segundo estágio, é pouco provável que você terá a capacidade de promover alguém dentro da empresa para ocupar o cargo de gerente de vendas. Se de alguma maneira você tiver as habilidades necessárias dentro de sua equipe para fazê-lo, ótimo, mas a maioria das empresas não é suficientemente desenvolvida para realizar isso até terem já completados alguns anos dentro do segundo estágio de crescimento. Isso significa que você terá que buscar o talento de que precisa fora da sua empresa. Os mesmos princípios sobre os quais tratamos no capítulo anterior também se aplicam aqui. Determine o que precisa e então contrate cuidadosamente.

Inicie com a primeira regra da contratação de modo inteligente: a descrição do cargo. Embora a função de gerente de vendas possa variar dependendo do tamanho e da estrutura fundamental da organização,

ADMINISTRANDO ALÉM DAS MEDIÇÕES

há várias responsabilidades-chave que são comuns, entre as quais as seguintes:

- Selecionar, contratar e despedir pessoal.
- Recepção dos novos funcionários e treinamento.
- Estabelecer o plano de vendas local de modo a ser consistente com a estratégia da empresa.
- Criar e administrar orçamentos.
- Estabelecer a cultura de vendas local de modo a ser consistente com os valores da empresa.
- Criar estratégias para a busca de grandes oportunidades e das relações com clientes-chave.
- Servir de mentor, *coach* e supervisor da equipe de vendas.
- Resolver problemas.
- Inovar sistemas existentes para que reajam ao mercado em constante mudança.
- Monitorar as metas de vendas da equipe e de cada vendedor.
- Estabelecer e nutrir a cultura de vendas local.

Quantas dessas responsabilidades refletem as habilidades ganhas no campo enquanto desempenhava a função de vendedor? A resposta é muito poucas. Conforme mencionado anteriormente, as qualidades que fazem um bom vendedor não necessariamente fazem um gerente de vendas eficaz. Grande experiência em vendas, embora seja uma parte crítica do perfil global de um candidato qualificado não deve ser o fator decisivo tanto na contratação de um candidato externo quanto na promoção de um candidato de dentro da organização.

Não estou sugerindo que você evite os vendedores bem-sucedidos quando estiver buscando gerentes. Pelo contrário, o sucesso em uma função de vendas direta é um dos pré-requisitos para o sucesso na função de gerente de vendas. É crítico que o gerente de vendas saiba como vender. Mas ele também precisa saber como selecionar talentos e tem que dominar as demais habilidades de liderança e gerência efetivas. Uma promoção para o cargo de gerente de vendas claramente é uma recompensa por um desempenho destacado nas vendas durante um período extenso. Ele também serve para manter os vendedores mais produtivos dentro da empresa em vez de deixá-los escapar para outras oportunidades fora dali. Se o candidato demonstrar ambição e vontade de aprender, um programa adequado de treinamento em gestão deve produzir um gerente excepcional.

O FUNDADOR DA EMPRESA COMO GERENTE DE VENDAS

Em uma empresa que atingiu o segundo estágio de crescimento, formar a organização de vendas é particularmente capciosa. Em geral, o fundador da empresa ou seu CEO se torna o gerente de vendas de fato. Normalmente isto é feito para se economizar na contratação de um gerente de vendas exclusivo. Entretanto, este tipo de abordagem tem pouca visão de futuro. Se seu plano de negócios para o segundo estágio de crescimento exigir a expansão de sua equipe de vendas, o custo de um gerente de vendas para orientar esta equipe também precisa fazer parte do investimento.

Certas vezes, os fundadores de empresa acham que eles são a melhor pessoa indicada para o cargo. Se o fundador não for treinado como gerente de vendas, como normalmente é o caso, é bem provável que esta abordagem não irá funcionar. É análogo à ideia de fazer com que alguém sem nenhum treinamento formal em finanças ou contabilidade assuma a função de *controller* ou diretor financeiro. Mas pelo fato de o ato de gerenciar uma equipe de profissionais de vendas parecer ser não técnico e não exigir um diploma de faculdade específico, muitos chegam à conclusão de que certamente são capazes de preencher a vaga. Afinal de contas, qual seria a grande dificuldade?

Mesmo que o fundador de uma empresa tenha habilidades pessoais em vendas, tenha sido treinado e tenha experiência na gestão de vendas, é improvável que esta abordagem irá funcionar por um período mais longo. A gerência de vendas é um trabalho complexo que exige dedicação em tempo integral. A tarefa é fazer com que a equipe de vendas seja bem-sucedida. O CEO/fundador da empresa não terá tem-

ADMINISTRANDO ALÉM DAS MEDIÇÕES

po suficiente para exercer bem esta função. Simplesmente há inúmeras exigências de seu tempo para que isso se torne factível.

Daryl Travis da Brandtrust (veja o Capítulo 5) é um grande exemplo do sucesso passageiro desta abordagem. Certamente ele sabia como vender de forma bastante eficaz e assumiu este papel desde o princípio para gerar negócios. Entretanto, na medida em que a empresa atingia o segundo estágio de crescimento, ele não era capaz de dedicar tempo suficiente para a atividade de vendas. Também a sua diretoria tinha tarefas demais e, portanto, ela não tinha condições de dar às vendas a atenção necessária. Portanto, ele decidiu procurar no mercado e contratou uma pessoa para especificamente criar e gerenciar a equipe de vendas.

Conforme constatado por Travis, ser um gerente de vendas eficaz não é uma tarefa simples. Ela exige experiência, treinamento e as competências comportamentais necessárias para ser bem-sucedido na função. Vale a pena investir contratando uma pessoa muito talentosa para administrar sua organização de vendas, já que este é o seu principal caminho para o crescimento rápido.

O GERENTE-VENDEDOR

Outra abordagem que muitas vezes vi em empresas prontas para o segundo estágio de crescimento é contratar um "gerente-vendedor". A expectativa é que este profissional consiga fazer malabarismos gerenciando a equipe de vendas e, ao mesmo tempo, manter contato com um grupo de clientes ou então trabalhar um dado território. Esta prática provavelmente também não irá funcionar. Ela faz com que o gerente entre em concorrência com a equipe que supostamente ele deveria liderar. Ela cria quase diariamente situações de contrapartidas para decidir se o gerente deve dedicar mais tempo trabalhando com uma de suas próprias contas ou gerenciando as atividades da equipe.

A ideia de gerente-vendedor parece sedutora. Ao dar ao gerente um território ou uma série de clientes sólidos, a função se autofinancia; este é um ponto importante a ser considerado quando o capital é curto.

Todavia, o investimento postergado fazendo com que o gerente tenha um papel duplo (tanto como gerador de receitas quanto de gerente) será superado com sobras pela sua inabilidade de apoiar apropriadamente a equipe de vendas e o desempenho dela será prejudicado como consequência disso. Para pessoas em um papel duplo como este, trabalhar com seus próprios clientes tende a render mais dinheiro para si mesmo; gastar tempo com a equipe tende a ser melhor para a empresa como um todo. Trata-se de uma contrapartida a ser evitada.

A IMPORTÂNCIA DO TREINAMENTO

São gastos bilhões de dólares em treinamento para que os vendedores sejam eficazes em sua função. Da mesma forma, grandes empresas gastam bilhões investindo em seus executivos. O programa de treinamento que estava sendo aplicado na GE quando entrei na companhia é um exemplo perfeito.

Quando fui contratado pela GE logo depois de me formar, passei por um programa de treinamento com um ano de duração quando iniciei minha carreira em vendas. Depois de quatro anos em funções de vendas diretas, eu sabia que queria me tornar um gerente de vendas. Contudo, o caminho para se tornar um gerente de vendas exigia primeiramente um período desempenhando uma função não gerencial na matriz, exigindo uma mudança para Washington e um cargo no suporte a vendas. Depois de dois anos neste cargo, dando suporte à organização de vendas em negócios muito grandes, fui feliz o bastante em me ser oferecida uma oportunidade na função de gerente de vendas diretas.

Trabalhei para cinco gerentes de vendas diferentes durante estes quatro anos em vendas diretas e para mais outros três gerentes durante o tempo que estive na qualidade de suporte a vendas. Como parte deste meu trabalho em oportunidades de vendas potenciais, pude observar e conhecer praticamente todos os gerentes de vendas de campo de primeiro e de segundo escalão da empresa. Aprendi bastante sobre o que fazer – e o que não fazer para motivar os profissionais de vendas. Além de uma série de programas de treinamento para cargos iniciais, a GE também tinha em funcionamento um centro de treinamento para executivos muito bem conceituado, em Crononville, estado de Nova York. Mas mesmo a GE, uma companhia enorme altamente comprometida com treinamento, não tinha um curso específico para pessoas que estavam ingressando na função de gerente de vendas. O tempo em que passei em uma função não gerencial me ajudou tremendamente, porém, aqueles de nós que foram colocados pela primeira vez em funções de gerenciamento de vendas deveriam, de certa forma, supostamente "descobrir isso por conta própria".

Tive sorte; eu tive a vantagem de ter o apoio de gerentes do segundo ou terceiro escalão que se preocuparam com o meu desenvolvimento e me ajudaram a aprender aquilo que eu precisaria saber para ser um gerente de vendas eficaz. Tirei proveito de suas experiências e habilidades de mentor, que incluíam conversas diárias sobre o que eu deveria fazer para me tornar um gerente e líder eficaz. Parte destes conselhos eu solicitei e outros não, mas que eram extremamente necessários à medida que eu passava pela curva de aprendizado normal de uma função completamente nova para mim.

Embora não exista nada que substitua esta atenção pessoal, a tecnologia moderna oferece uma ampla gama de opções de treinamento para gerentes novatos. Além do tradicional cenário "tropas em campo", os novos gerentes podem tirar proveito de dados e relatórios gerados por sofisticados sistemas CRM para ajudá-los a supervisionar suas equipes de vendas. Contudo, em empresas de menor porte, muitos vendedores que são puramente promovidos simplesmente a veem como mais uma etapa em suas carreiras e dão pouca atenção à melhor forma de se adaptar além de terem menos recursos para ajudá-los a se adaptarem à nova função.

GERÊNCIA DE VENDAS EFICAZ

A gerência de vendas é certamente um ato de ponderação e admitidamente de difícil consecução. Os gerentes de vendas destacados entendem que sua principal tarefa é ajudar as pessoas a serem bem-sucedidas. O sucesso coletivo de suas equipes contribui para o sucesso do gerente e da empresa como um todo. Isto mesmo, a *gestão* importa, mas *coaching* e desenvolvimento são as responsabilidades mais importantes no dia a dia e devem ocupar a "parte do leão" do tempo e dedicação do gerente. Este conceito e como implementá-lo é o que há de mais significativo para se aproveitar de qualquer programa de treinamento em gestão de vendas.

O que importa é como cada vendedor realiza o seu trabalho no dia a dia – a habilidade do gerente de vendas avaliar e afetar (através de terceiros) a qualidade da interação com os clientes – é isto, em última instância, o que irá diferenciar aqueles que realmente estão aptos a subir mais do que a grande maioria e apresentarem de forma consistente um alto desempenho. De alguma forma, em algum ponto do trajeto, toda essa noção de *coaching* e desenvolvimento foi perdida.

Para muitas organizações de vendas o papel do gerente de vendas se transformou em um em que o foco principal é nas medições, baseadas na análise de relatórios oriundos de um sistema CRM que tenta controlar tudo aquilo que se crê ser importante. Certamente, muitas dessas medições são muito importantes. Um resumo semanal das visitas de vendas terá uma tendência de estar correlacionado com os resultados. Tamanho médio do negócio, valor total na cadeia, índices de fechamento de negócios, tempo em uma fase do processo de vendas – todas essas medidas e outras importam. Entretanto, se os gerentes querem realmente ser capazes de ajudar seus vendedores a serem bem-sucedidos, eles precisarão investir tempo neles – no campo, em reuniões de planejamento antes das visitas de vendas, durante as visitas e em reuniões com relatos detalhados depois das visitas de vendas em que os planos são modificados. Tudo face a face, lado a lado.

Treinamento é importante, mas é através de um verdadeiro *coaching*, orientação e atuação como mentor que aquilo que é aprendido durante o treinamento é fixado quando mais necessário: dentro da empresa e no campo. O *coaching* efetivo não é uma atividade de uma vez por mês ou, como já vi em alguns casos, uma atividade jamais realizada.

ADMINISTRANDO ALÉM DAS MEDIÇÕES

Um gerente enérgico irá trabalhar com cada membro da equipe para estabelecer as metas apropriadas. Ele orientará cada membro da equipe quando o desempenho for insuficiente para ajudar a pessoa a entender o que estaria causando esta insuficiência, a tomar medidas corretivas e então avaliar como todo o ciclo está progredindo. Depois o processo começa de novo. Trata-se de uma atividade constante e contínua; é um hábito, não um evento esporádico.

Com o passar dos anos, descobri algumas etapas básicas que me facilitaram a ajudar os gerentes de vendas a se tornarem mais eficientes.

INSISTA EM UM PLANO DE VENDAS POR ESCRITO

A lógica para a necessidade de se criar um plano de vendas anual parece bastante óbvia. Contudo, em minhas viagens, constatei que mesmo se na teoria há uma concordância que um plano escrito é uma prática melhor e faz todo o sentido e que passar por um processo de planejamento conduzirá a melhores resultados, a disciplina para executar tal prática varia muito. Em certos aspectos isso é parecido com a falta de disciplina mostrada no recrutamento. Muitas empresas que atingiram o segundo estágio de crescimento possuem um plano estratégico muito bem elaborado, porém, elas ainda não tiram proveito do poder de um processo de planejamento formal nos níveis operacional e de vendas.

A criação de um plano de vendas é um exercício simples embora exija muito tempo. Este processo se inicia no nível geral da empresa e depois prossegue em cascata para níveis abaixo através de toda a organização. A hierarquia das atividades de planejamento é a seguinte:

1. Planejamento de negócios

2. Planejamento de territórios

3. Planejamento de contas

4. Planejamento de oportunidades

Começando-se com o plano de negócios, o segredo está em entender quais são os objetivos gerais que a unidade de vendas deve atingir. Trata-se tanto de objetivos financeiros quanto não financeiros. Por exemplo, que produtos/serviços estamos vendendo e em que nível? Qual é o treinamento necessário? Quais estratégias e táticas devem ser implementadas para se atingir os objetivos? Que canais diretos e indiretos fazem sentido? Existe uma estratégia de parceria lógica? Que quantidade e qual tipo de recursos são necessários para se ter cobertura adequada para implementar o plano? Em termos simplistas, dada a necessidade de se atingir uma certa meta de receita, o que deve acontecer coletivamente com cada membro da equipe de vendas, cada cliente, cada cliente potencial e cada oportunidade para a empresa atingir seu objetivo? Um plano de negócios se faz necessário para o grupo de vendas consolidado como um todo e também deve ser desenvolvido um plano por cada gerente de vendas para a parte da empresa pela qual ele é responsável. O planejamento de territórios, de contas e de oportunidades é completado por cada vendedor da equipe e os planos são então consolidados no plano de vendas de cada gerente. Supondo-se que você esteja vendendo produtos ou serviços relativamente caros, a melhor prática geral é ter um plano de contas específico para cada uma das *contas* que coletivamente compreendem 70 a 80% do plano de receitas e também ter um plano detalhado para as dez maiores *oportunidades* de cada vendedor.

Isso pode parecer um tanto trabalhoso – e realmente é. Mas quando executado corretamente, um plano de vendas fará com que você pense de forma crítica sobre o que deve acontecer durante o ano de modo que a sua unidade atinja as metas. Ele irá forçar o entendimento que talvez você não tenha os recursos suficientes ou quem sabe esteja gastando muito tempo em um possível cliente ou em uma linha de produto/serviço que não tem potencial suficiente e o tempo seria mais bem aplicado se focado em uma outra linha. Talvez você possa descobrir novas ameaças concorrenciais. Você terá *insights* sobre como melhor alavancar o que está dando certo em um determinado cenário e que poderia ser aplicado em um outro cliente ou oportunidade. Saber onde parar de investir recursos é tão importante quando decidir sobre novas ações.

ADMINISTRANDO ALÉM DAS MEDIÇÕES

Desenvolver um plano por escrito a cada ano é uma necessidade fundamental na gestão de vendas. Uma exigência igualmente importante é manter o plano atualizado ao longo do ano. Enfatizando, é aí que muitas organizações fracassam. Da mesma forma que o processo de planejamento produz *insights* e aprendizado durante a criação do plano, benefícios similares surgirão do tempo e esforço investidos ao fazer as atualizações periódicas. Talvez você descubra que uma dada estratégia não está funcionando ou, quem sabe, não tenha feito nenhum progresso até então na implementação de uma das estratégias-chave para ter um ano positivo.

Há cinco anos, uma empresa do mercado de bens de consumo (e que havia atingido o segundo estágio de crescimento) havia acabado de disparar o seu processo de planejamento anual de negócios. Tal empresa vende produtos para uso ao ar livre em grande parte através de lojas de rua e de produtos esportivos especiais voltados para a camada mais alta do mercado. Enquanto o CEO e sua equipe tratavam das táticas e plano de vendas para o ano vindouro, eles chegaram a algumas importantes conclusões concernentes às mudanças no mercado em que atuavam. Tais ideias ocorreram como um subproduto do processo de planejamento em que a equipe estava envolvida em uma discussão bastante detalhada sobre as necessidades específicas de uma série de seus maiores clientes. A crescente disponibilidade de informações estava dando mais poder aos fornecedores. Sistemas de pesquisa no varejo estavam fazendo os compradores se comportarem de maneira diferente – fazendo pedidos iniciais menores, mas usando informações de seus sistemas PDV para poder fazer a reposição de estoques por parte de seus fornecedores de modo *just-in-time*. Havia a consolidação de varejistas, dando aos compradores ainda maior poder de compra. E a adoção quase universal da Internet tornou mais fácil para seus clientes ter outras opções de compra. A empresa corria o risco de ser "esmagada" pelos seus fornecedores e clientes. Seu processo de planejamento, que havia começado como uma atividade de planejamento de vendas, levou a empresa a realizar uma mudança fundamental em sua estratégia. De forma correta a empresa compreendeu que o segredo para o seu sucesso era fazer uma de duas coisas: criar uma disposição entre os clientes de pagar mais pelo produto dela devido à sua marca e qualidade, ou então reduzir custos para competir em termos de preço mais baixo. Esta história tem um final feliz, já que a empresa embarcou em uma jornada para criar uma série de produtos *premium* altamente diferenciados para os quais os clientes estavam dispostos a pagar um sobrepreço substancial. A empresa viveu um crescimento de dois dígitos em seu setor e é vista como uma marca *premium*.

MEDIÇÃO DE DADOS

A maior parte das empresas se dá conta logo cedo sobre os benefícios originados da implementação de um sistema CRM (*Customer Relationship Management*, em português, gestão do relacionamento com os clientes). Se implementados corretamente e após a adoção pelo pessoal de vendas e marketing da empresa, um sistema destes equipa a empresa, dando a ela a capacidade de acompanhar importantes dados de seus clientes; ele possibilita um *follow-up* melhor e mais oportuno, controla a atividade dos vendedores e fornece os dados de modo que as receitas possam ser previstas de modo mais preciso. A análise de dados gerados por sistemas CRM também pode levar a uma variedade de *insights* que ajudam os líderes da empresa, entre os quais ideias concernentes à concorrência, tendências e eficácia de programas de marketing; em alguns casos, a análise também dará uma ideia do comportamento dos clientes-chave. Fica claro que os sistemas CRM têm sido muito úteis em aumentar a barreira a ser superada na área de vendas.

Entretanto, isso não se deu sem alguns contratempos. Os sistemas CRM se destacam na medição de dados quantitativos: o que aconteceu como resultado de uma dada atividade. Uma das coisas que eu achei útil é forçar os gerentes a gastar pelo menos o mesmo tempo focados na medição de dados qualitativos no processo de vendas. A atividade de visitas é um bom exemplo a ser considerado. O número de visitas que um vendedor faz semanalmente é um importante dado quantitativo, mas a qualidade de cada visita é um dado qualitativo que não é fácil de ser capturado pela maioria dos sistemas CRM. Muitos outros dados são mais subjetivos e não podem, necessariamente, ser obtidos

ADMINISTRANDO ALÉM DAS MEDIÇÕES

a partir de algum sistema. Medir e entender estes dados requer maior trabalho. Por exemplo, que porcentagem das visitas iniciais resulta em uma visita de *follow-up*? Qual foi a qualidade das conversações mantidas durante aquela visita inicial? Qual é a qualidade do relacionamento que o vendedor mantém com o cliente? Com que frequência o cliente faz referência a seus contatos tanto dentro quanto fora da empresa para você? Qual a qualidade da comunicação escrita? A equipe de vendas estaria alavancando efetivamente as mídias sociais para impulsionar suas atividades e sucesso? Os vendedores realmente entendem as questões sutis e não verbais em uma empresa de modo a poderem usar este conhecimento para aumentar as chances de sucesso? Os vendedores são capazes de voltar atrás eficazmente e informar os clientes que eles estão errados em relação a um dado problema? E, finalmente, com que frequência os vendedores ajudam um cliente a revelar (e solucionar) um problema que o cliente nem havia cogitado? Existe uma relação baseada na confiança com seus clientes mais importantes? As respostas a estas e outras questões são dados para o processo de vendas que, em última instância, resultam em receita. O gerente de vendas bem-sucedido conhece as respostas para estas perguntas para cada pessoa em sua equipe. Estas informações não vêm à luz provenientes de nenhum sistema por si só. Elas provêm do trabalho do gerente e que presta atenção a todos os dados que tornam possível bons resultados.

O aprendizado fundamental é que administrar diretamente os dados equivale a como afetar os resultados. Afinal de contas, é muito difícil administrar receitas – elas são resultado de um processo de vendas bem executado.

FAÇA UMA AVALIAÇÃO MENSAL POR ESCRITO

Segundo minha própria experiência, se você quiser ter certeza que seus gerentes de vendas estão fazendo o máximo possível para medir os dados para o processo, é extremamente útil insistir que os gerentes de vendas forneçam uma avaliação por escrito de cada vendedor de sua equipe – todos os meses. *Todos os meses? Por escrito? Todos os vende-*

dores? Mesmo aqueles que são "estrelas"? A resposta é um sonoro *sim!* A razão é simples. De modo a ser capaz de fazer corretamente esta avaliação todos os meses, o gerente tem que dedicar tempo para cada um de seus subordinados. Ou seja, não é possível realizar uma avaliação eficaz apenas analisando-se relatórios e medições. Este processo, embora um tanto rígido, requer um diálogo contínuo com cada um dos vendedores da equipe além daquele imediato ou daquilo relacionado com o negócio ou cliente do dia. Implementar esta prática de forma consistente em cada uma das startups das quais participei ajudou os gerentes a fazer com que suas equipes trabalhassem no nível máximo.

As chaves para o sucesso nesta etapa são conhecimento profundo dos membros da equipe e o uso racional do tempo. Os membros da equipe que estiverem desenvolvendo um grande trabalho receberão uma dedicação maior por parte do gerente e seus comportamentos e resultados recebem um reforço positivo como *coaching* individual e suporte adicional. Em geral aqueles com melhor desempenho não são negligenciados, já que investir tempo com as melhores pessoas muitas vezes tem um grande retorno sobre o tempo investido. Mas se considerarmos os benefícios resultantes de uma discussão dos pontos a seguir, acredito que você irá concordar que sempre há muito a conversar com aqueles que estão passando por dificuldades bem como com aqueles que estão indo bem:

- Como você se sente em relação ao mês anterior?
- Quais foram suas maiores realizações?
- O que não aconteceu que você gostaria que tivesse acontecido?
- Quais são as suas dez maiores contas e oportunidades no momento?
- O que lhe faz imaginar que estas são reais e podem ser colocadas em ação?
- Caso isto seja um problema com o cliente, por que o cliente não fez algo a respeito antes?
- Se o cliente atuar nele, qual seria o benefício?
- Se o cliente não fizer nada a respeito, o que acontece?
- Qual a prioridade de ações diante do cliente? Quem mais você precisa para fazer com que isto aconteça?

ADMINISTRANDO ALÉM DAS MEDIÇÕES

- Quais são suas obrigações para o mês vindouro?
- Que tipo de ajuda você precisa?

Os membros da equipe que estiverem passando por grandes dificuldades também recebem atenção, mas esta é dada de uma forma mais dirigida e construtiva. Nas avaliações, as avaliações do gerente indicam uma série de atividades e esforço contínuos que devem ser feitos por parte do vendedor no sentido dele melhorar. Na sessão do mês seguinte, a execução dessas atividades se torna um ponto de discussão.

Ao implementar esta prática pela primeira vez, você sentirá uma resistência significativa por parte de seus gerentes de vendas. Eles não irão querer fazer isso e tentarão convencê-lo que isto é um exagero e que poderia desmotivar a equipe de vendas. Mas tão logo a prática tenha se radicado, os gerentes eficazes descobrirão que ela realmente os auxilia a ajudar seus subordinados a terem um desempenho muito melhor. Cada vendedor também irá lhe dizer que a prática é útil. Da conversa durante a revisão se tiram lições, mas também existe o benefício de se receber sugestões, *feedback* e conselhos *por escrito*, todos os meses, que fazem com que o profissional de vendas perceba e tente integrar este aprendizado em seu comportamento.

Todas as avaliações por escrito devem ser encaminhadas para você (ou para o gerente de segundo nível, caso esta função exista). Ao ler estes conteúdos individuais mensais, eles lhe darão uma ótima indicação do quão bem o gerente está monitorando a sua equipe. Caso se crie um consistente padrão de desempenho inferior, ele pode ser discutido e retificado antes que se agrave.

GESTÃO DE TALENTOS

Outra prática que eu acho útil veio diretamente do meu tempo de GE. Sob a liderança de Jack Welch, a GE implementou um sistema de *ranking* forçado. Todos os anos, os 10% das pessoas com pior desempenho em cada departamento de toda a empresa eram demitidas, de modo que novas pessoas, preferencialmente aquelas com potencial para serem melhores que as anteriores, pudessem ser contratadas ou promovidas. Portanto, os gerentes eram encorajados a estarem constantemente em busca de novos talentos. Eles tinham de agir assim, pois sabiam que independentemente do quão bem pudessem estar indo em um determinado ano, ainda assim teriam que recrutar novos membros para suas equipes. Em um período relativamente curto, a implementação deste método conduziu a um aumento gradual nas receitas e lucratividade da GE.

Em organizações empreendedoras pequenas e de rápido crescimento, as consequências de um desempenho abaixo do esperado são ainda mais sentidas. Esperar até que se abra uma vaga para uma dada função inevitavelmente levaria a um fraco desempenho. Entretanto, se fizer isso de forma correta, conforme discutido no Capítulo 5, renderá enormes benefícios.

Embora a maioria dos gerentes concorde que aqueles com fraco desempenho levam a companhia inteira para baixo, ainda assim eles são muito lentos para agir e são tolerantes em demasia. Basta observar as estatísticas discutidas anteriormente. Falar é fácil, mas mudança – verdadeira mudança no que tange o aspecto vital da gestão de vendas – exige ação.

Os gerentes eficazes são realistas e críticos quanto a seus subordinados diretos. Eles fazem o máximo para recrutarem as melhores pessoas, dão treinamento, suporte e *coaching*, mas se alguém, por alguma razão, não apresentar um desempenho razoável, ele deve agir, e rapidamente, para encontrar um substituto. E o gerente deve fazer isso com o máximo de gentileza, humildade e consideração pela pessoa afetada. Isto é o mínimo que se espera quando se demite uma pessoa.

PALAVRAS FINAIS

A gestão eficaz de vendas é uma das maiores alavancas para impulsionar o segundo estágio de crescimento. Conforme já visto em algum outro ponto, identificar um ótimo profissional para esta função é crítico. A pessoa ideal alcançou sucesso em um ambiente de vendas similar e

ADMINISTRANDO ALÉM DAS MEDIÇÕES

também possui as capacidades de liderança e de gerenciamento necessárias para construir e gerir uma equipe coesa e movida por resultados. Uma verdadeira estrela nesta função garantirá que ele tenha uma equipe capaz de brilhar e irá trabalhar todos os dias junto com cada um dos membros de sua equipe para impulsionar o crescimento nas receitas.

Capítulo 8

MARKETING DE CRESCIMENTO

As palavras *vendas* e *marketing* são frequentemente usadas na mesma sentença em artigos e discussões de negócios como se fizessem parte de um *slogan*. Para muitos pode parecer que vendas e marketing são apenas palavras distintas para as mesmas (ou similares) atividades. Afinal de contas, a função primordial de ambas é influenciar uma decisão de compra. Contudo, esta é uma falsa ideia e geralmente leva à perda de tempo e de recursos. É importante saber a diferença entre estas duas funções comerciais para fazer com que elas funcionem a seu favor. Naturalmente, quando executadas dentro de uma empresa, elas apoiam os esforços da empresa em garantir clientes e receita. Mas é por aí que as similaridades terminam.

Conforme visto, o mundo das vendas é feito de vender produtos ou serviços a clientes qualificados. Estabelecer contatos, compreender as necessidades do cliente potencial, propor uma solução e fechar o negócio são os componentes básicos do processo de vendas. Sem uma equipe de vendas competente, bem gerenciada e adequadamente agressiva, a empresa não consegue crescer, gerar receitas e criar lucratividade sustentada.

Mas para que uma equipe de vendas seja bem-sucedida, os vendedores precisam ter os produtos certos e estes últimos precisam ter preços e embalagens apropriados, bem como serem promovidos por parte de uma empresa com um sólido perfil de mercado. É aí que o marketing entra em cena. Sem um esforço de marketing integrado e bem planejado, os vendedores podem se ver pregando no deserto. O marketing cria o contexto para os produtos e serviços. O marketing é parte integrante do empenho da empresa toda. Desde a moldagem do conceito inicial, marca, embalagem, fixação de preços e posicionamento do produto através de brochuras, sites Web e campanhas promocionais até a liderança abalizada, palestras, exposições em conferências setoriais, pesquisa comparativa sobre os concorrentes – o marketing compreende os elementos-chave que colocam a empresa em evidência. O marketing constrói a marca e reforça a reputação da empresa.

Com a evolução do mundo dos negócios ao longo dos últimos quinze anos, a importância do marketing eficaz aumentou vertiginosamente para todas as empresas, mas particularmente para as empresas que atingiram o segundo estágio de crescimento. Há pouquíssimas empresas que atingiram o segundo estágio de crescimento capazes de ignorar a criação de um plano de marketing eficaz como uma parte fundamental do plano de crescimento da empresa. O que as empresas precisam de seus departamentos de marketing incluem coisas básicas como as seguintes:

- Análise de mercados e clientes para determinar possíveis necessidades por produtos/serviços.
- Criação de novos produtos e serviços.
- posicionamento do produto no mercado e em relação a concorrentes/alternativas.
- Desenvolvimento de mensagens para produtos e apoio relativo dado pelo marketing.
- Desenvolvimento de uma estratégia de preços para o produto
- Desenvolvimento de estratégias de propaganda ou de relações públicas para apoiar o lançamento do produto.
- Escolha dos melhores canais e abordagem para venda do produto.
- Demonstração de como vender o produto para a organização de vendas.
- Coleta do *feedback* de clientes e clientes potenciais para dar subsídios a esforços de marketing ou de futuros produtos.

Como pode ser observado, a simples enumeração destes itens baseada no clássico 4Ps do marketing – *produto, preço, praça* (pontos de distribuição) e *promoção* – cria uma lista bastante longa. Mas hoje em dia, na era da Internet, o marketing abrange outras atividades essen-

MARKETING DE CRESCIMENTO

ciais. Os especialistas de marketing lhe dirão que nos últimos dez anos, o marketing se transformou radicalmente.

Paul Rand é CEO e fundador do Zocolo Group. O Zocolo Group. é uma agência de marketing digital, que usa as mídias sociais e a propaganda "boca a boca". Paul abriu a empresa em 2007 com a visão de criar uma nova categoria em serviços de marketing. A visão da Zocolo é que o seu produto ou a marca de sua empresa não é o que você diz ser; pelo contrário, a sua marca é aquilo que os seus clientes e clientes potenciais dizem a respeito da sua empresa e seu produto ou serviço. Em outras palavras, caso esteja tentando empurrar a sua mensagem para o mercado, você irá perder. Em vez disso, adote táticas que farão com que seus clientes e outros influenciadores na tomada de decisão falem a respeito e promovam a sua marca no mercado, dando assim credibilidade à sua empresa. Esta nova estratégia não apenas funcionou para os clientes da Zocolo como também impulsionou um rápido crescimento para a Zocolo também. A empresa tem hoje mais de 100 funcionários desde a sua fundação e construiu a sua própria marca como *expert* neste campo.

O MUNDO EM CONSTANTE MUDANÇA

No capítulo anterior tocamos rapidamente no conceito de que o mundo das vendas foi profundamente alterado pois os clientes agora pesquisam sobre uma empresa antes, durante e depois do processo de vendas. Os clientes já sabem um bocado sobre a sua empresa ou produto antes mesmo de manterem contato com você. Grande parte desta pesquisa é feita usando uma variedade de ferramentas *on-line* e de mídia social e também tomando conhecimento do que os outros estão dizendo a respeito de sua empresa. Sua equipe de marketing é responsável por moldar as informações que seus clientes encontram em suas pesquisas. Portanto, a maioria das empresas em busca de um crescimento rápido descobriu que é necessário ter, dentro da empresa, pessoas de marketing capazes de entenderem SEO (*Search Engine Optimization*, ou seja, otimização de motores de busca), análise e medição de sites Web, a mecânica da *click-through rate*[46] bem como da *bounce rate*[47] e uma série de outras tecnologias e aplicações de marketing que surgiram nos últimos anos.

Bob Sanders da AXIOM SFD, com quem nos encontramos no Capítulo 2, acredita que ter pessoas de marketing capazes é, pelo menos, um fator de impulso tão importante no crescimento das receitas da empresa dele quanto ter excelência em vendas. E observe que esta visão vem de uma pessoa que administra uma empresa de desenvolvimento e treinamento em vendas.

Até recentemente a AXIOM SFD, assim como várias empresas que acabaram de entrar no segundo estágio de crescimento, tiveram uma abordagem intermitente à implementação de programas de marketing. No primeiro estágio de crescimento da AXIOM, Bob, na posição de CEO, também era efetivamente o diretor de marketing (e o diretor de vendas também). A AXIOM tentou várias campanhas, abordagens e mensagens esporádicas na esperança de obter algum resultado. Na qualidade de um atarefado CEO que desempenhava ao mesmo tempo várias outras funções, era difícil para Bob supervisionar uma ação de marketing concertada e consistente. Bob descobriu o que muitos agora conhecem; se quiser ter sucesso no desenvolvimento e na execução de um programa de marketing, é preciso ter alguém exclusivamente dedicado a esta função.

Vendas e marketing são disciplinas ao mesmo tempo complicadas e especializadas. O sucesso em qualquer uma delas requer *expertise* específico, foco, aplicação e gestão exclusivas tanto da estratégia quanto do plano. Ele descobriu que o marketing é uma função crítica e a execução bem-sucedida não poderia ser garantida por alguém que não se dedicasse em tempo integral. Ele também constatou que mesmo que

---

[46] Número de pessoas que visitam um site através do clique em um anúncio em outra página Web comparado ao número de pessoas que visitam a página Web em que o anúncio aparece. *Oxford Business English Dictionary.*

[47] *Bounce rate* (algumas vezes confundida com *exit rate*) é um termo de marketing na Internet usado na análise de tráfego Web. Ela representa a porcentagem de visitantes que entram em um site e *"bounce"* (deixam o site) em vez de continuarem a ver outras páginas dentro do mesmo site. Fonte: Wikipedia. (N.T.)

ele tivesse tido uma ampla experiência na área de marketing anteriormente em sua carreira, tanto a arte quanto a ciência do marketing haviam mudado tanto que ele realmente precisava ter uma pessoa que estivesse completamente atualizada com todas as novas tecnologias que foram desenvolvidas especificamente visando à função de marketing.

Hoje em dia, como resultado da significativamente crescente alocação de recursos a atividades de marketing da AXIOM, mais da metade da receita da empresa começa com *leads* resultantes de atividades de marketing específicas. A empresa descobriu uma verdade que muitas outras haviam aprendido: uma abordagem mais sistemática para a geração de *leads* é crítica para o crescimento. As atividades de marketing da AXIOM se iniciam com a geração de conteúdo. O objetivo da geração de conteúdo é garantir que a empresa acabe chegando a um conjunto de considerações de um possível comprador. A equipe de marketing certifica-se de que os clientes potenciais vejam conteúdo de valor e oportuno que foi criado pela AXIOM e que serve para educar e informar os clientes. Esta atividade abre caminho para a equipe de vendas enfatizar o valor de seus produtos na solução das necessidades de seus clientes.

INVISTA LOGO CEDO EM MARKETING

Ao pensar sobre como o marketing pode ajudar seu plano de crescimento, primeiramente você deve decidir sobre o momento certo de contratar uma pessoa para fazer isso. Esta não é uma decisão fácil já que se comprometer com a contratação de um gerente de marketing em tempo integral e um plano de marketing subsequente irá exigir um investimento substancial. Entretanto, ao criar seu plano de negócios desde o início é importante considerar o marketing como um investimento necessário para impulsionar o crescimento. A maioria comete o erro de investir em marketing bem depois que deveriam tê-lo feito e, portanto, perdem a oportunidade de aumentarem o plano de crescimento desde o princípio.

Os planos de marketing dependem da natureza de sua empresa e do setor em que atua. No mundo dos serviços B2B, o objetivo do marketing está mais focado em estabelecer uma boa reputação e marca da empresa. O papel do gerente é então dar conselhos e orientação no que tange a mensagem central da empresa. Preocupações com produtos e fixação de preços vêm depois do estabelecimento de sua empresa como a principal fonte para soluções na arena em que ela atua, independentemente de qual seja esta.

Heidi O'Gorman é sócia-gerente da Carrick Marketing. Sua firma está focada em ajudar empresas prestadoras de serviços de pequeno e médio porte a crescerem através de estratégias de marketing personalizadas e eficazes. Heidi ganhou experiência no mundo dos serviços empresariais na Arthur Andersen, LLP e Deloitte Consulting. Heidi possui uma sólida visão do papel que o marketing deve desempenhar quando uma empresa entra no segundo estágio de crescimento. Ela acredita que é importante ter *expertise* de marketing profissional desde cedo na evolução de uma empresa.

Sem uma função de marketing exclusiva a organização de vendas preencherá o vácuo e decidirá por conta própria sobre a marca e a forma de abordar o mercado. Focada em vender e fechar negócios, a equipe de vendas pode buscar uma série de *prospects* que não se adéquam a um perfil de cliente potencial, desperdiçando, portanto, tempo e esforço. Surgem outros problemas quando cada vendedor em cada região geográfica retrata a empresa e seus produtos e serviços de uma forma diversa; como consequência disso, a marca e a reputação da empresa não são definidas claramente para o mercado.

Nos primórdios da existência de uma empresa o objetivo é promover um ponto de vista sobre a mensagem apropriada para a marca. À medida que a empresa se estabelece no mercado e ganha impulso, o especialista de marketing inteligente irá trabalhar para mantê-la ágil para reagir a mudanças no setor de atuação e mantê-la abalizada. Certas vezes, uma mensagem que parece boa para o fundador e diretoria da empresa não funciona com clientes potenciais. A mensagem da marca deve ser clara e convincente e dar mostras de diferenciação em relação a outras alternativas. Ela deve repercutir entre os receptores

MARKETING DE CRESCIMENTO

almejados da mensagem. Muitas vezes isso requer reavaliação e ajustes para atender as tendências correntes.

Mas o marketing também é fonte de um esforço independente dentro de uma empresa. Quantificar o impacto financeiro que os programas de marketing têm sobre o resultado final líquido é vital para a criação de um programa bem-sucedido. Usando-se um sistema CRM juntamente com o discernimento humano, é possível monitorar os *leads* e a receita resultante de atividades de marketing. Qual foi a origem de cada *lead*? Ele veio de um congresso do setor, de uma conversa, de um artigo, de uma campanha de *e-mail* abalizada, de SEO (*Search Engine Optimization*, ou seja, otimização de mecanismos de busca) ou de um anúncio?

Nos casos em que Heidi implementou esta abordagem quantificada para seus clientes, ela constatou que, em sua grande maioria, as campanhas de marketing eficazes geram uma elevada taxa de retorno sobre o investimento. As receitas diretamente atribuídas a atividades de marketing em geral excedem o custo de todo o orçamento de marketing, incluindo custos com pessoal do departamento.

Depois de alguns anos, após vender sua agência de propaganda TFA para a Leo Burnett Company, Sean Bisceglia decidiu negociar com a firma *private equity* que anteriormente detinha a participação majoritária na CPRi, uma empresa especializada no fornecimento de pessoal de marketing e criação, e que passava por enormes dificuldades, passando ele a ter o controle desta empresa. Sean reestruturou completamente a organização de vendas e sua ação foi decisiva para o crescimento vertiginoso da empresa. Mas Sean com suas raízes no setor de marketing e propaganda, também foi capaz de alavancar uma estratégia de marketing eficaz como importante componente da estratégia de crescimento.

Antes da chegada de Sean, a empresa não tinha nenhuma estratégia de marketing. Um dos primeiros desafios da CPRi era convencer os executivos de marketing de seus clientes que o uso de mão de obra "*freelance*" na área de marketing era uma prática inteligente. Na época, isto simplesmente não era feito. Tipicamente, o diretor de marketing lançaria mão de um profissional especializado interno ou então de uma agência. As agências são capazes de agregar enorme valor, mas por outro lado, podem ser muito caras, especialmente para as táticas de marketing básicas necessárias. Contratar corretamente um especialista em marketing em vez de uma agência é uma alternativa eficiente em termos de custos e poderia ser personalizado para as necessidades específicas de uma empresa.

A CPRi teve que trabalhar muito para promover esta nova categoria de "fornecimento de *staff* em marketing". Os esforços de marketing destacavam grandes empresas usuárias da mão de obra *freelance* fornecida pela CPRi para ajudar a atingir seus objetivos de marketing. A CPRi se tornou ativa em associações do setor e em exposições e Sean frequentemente dava palestras nestes eventos. Todas as informações comprobatórias da CPRi foram refeitas, resultando em um reposicionamento da empresa como um líder de pensamento altamente criativo no mercado. O segmento de SEO deste plano de marketing também teve um grande impacto provocando um afluxo de consultores *freelance* talentosos à CPRi e que ela poderia contratar e empregar em seus clientes, sendo algo atraente para empresas que estavam em busca de suporte de marketing. No curso dos dois anos seguintes, a CPRi cresceu de apenas US$ 4 milhões para aproximadamente US$ 30 milhões para ser posteriormente vendida à Aquent, uma grande empresa fornecedora de mão de obra em marketing e criação, com sede em Boston.

OS OBJETIVOS DO MARKETING DE CRESCIMENTO

No segundo estágio de crescimento, convém que o marketing simplesmente se atenha ao fundamental. Este básico abrange três áreas principais da atividade de marketing. A primeira delas é a marca. O objetivo-chave é fazer com que a sua marca se destaque no mercado. Michael Lies, um dos maiores estrategistas de marcas dos Estados Unidos, acredita que ao fazer o marketing de sua marca, é preciso transformador o seu cliente no "herói" da sua história. Em outras palavras, a história deve informar como os clientes descobriram e usaram o produto/ser-

MARKETING DE CRESCIMENTO

viço de sua empresa para resolver um problema ou questão e se transformar em um "herói" ao fazer isso.

O segredo é descobrir como criar conteúdo em torno de seu produto ou marca que possa ser usado como uma história ou provocar a sensação de viver uma experiência. Michael Lies usa o exemplo do fantástico crescimento da Red Bull, alimentado em parte pelas pessoas que promoviam a marca realizando proezas arriscadas e depois retransmitindo-as para seus amigos. Além disso, a Red Bull patrocinou eventos esportivos radicais entre os quais saltos ornamentais feitos de penhascos, corridas BMX, *wakeboarding*,[48] corridas de motocicletas, associando a sua marca a estes atletas aventureiros. Eles produziram e distribuíram vídeos extensos e de alta qualidade de atividades radicais de alto risco como *heli-snowboarding*.[49] A Red Bull se tornou parte integrante da história já que ela ajudou a abastecer estas proezas com seus conteúdos altamente energéticos.

A Shiftgig também tem sido bem eficaz na alavancagem desta mesma tática. A Shiftgig é uma empresa puramente tecnológica que oferece uma plataforma de *software* de mídia social para casar o empregador certo com o candidato certo. Os esforços de marketing da empresa fazem amplo uso de narrativas destacando indivíduos que encontraram o "emprego perfeito" através da plataforma Shiftgig e empregadores que acham que o Shiftgig é uma excelente ferramenta na busca e recrutamento de talentos. Estas histórias se encontram no site Web da Shiftgig, são usadas em marketing através de *e-mail* e aparecem de forma proeminente em mídias sociais como Twitter e Facebook.

O segundo objetivo fundamental do marketing de crescimento é aumentar a visibilidade de sua empresa, isto é, seu valor de reconhecimento e reputação no mercado. Uma maneira de se atingir este objetivo é transformar a sua empresa em um líder abalizado em seu mercado ou setor. Determine as pessoas que farão apresentações em eventos do setor, escreva artigos e livros sobre os avanços significativos do setor ou dê palestras inspiradoras. De fato, sua empresa irá aparecer na van-

---

[48] Detalhes sobre este esporte em http://en.wikipedia.org/wiki/Wakeboarding. (N.T.)

[49] Detalhes sobre este esporte em http://en.wikipedia.org/wiki/Heliskiing. (N.T.)

guarda do setor, o lugar a ser procurado como fonte de informações e *expertise*.

Sua empresa dará a impressão para o mercado e para clientes potenciais de ser bem maior do que realmente é. Uma liderança abalizada fornecida efetivamente como parte de suas atividades de marketing e relações públicas colhe grandes frutos ao abrir portas para novas oportunidades e clientes.

Uma outra forma de se aumentar a visibilidade é almejar *prospects* de grande relevo e conquistá-los como clientes. Na condição de clientes satisfeitos com boas histórias para contar sobre a sua empresa, eles podem ser integrados em sua mensagem de marketing. Se você é capaz de fornecer soluções para clientes muito grandes, os clientes de médio e pequeno porte irão perceber. Esta estratégia funcionou para a HarQen, a empresa com tecnologia para recrutamento e seleção que viemos a conhecer no Capítulo 4.

À medida que a HarQen construía sua reputação por fornecer avançada tecnologia de telefonia via Web para recrutamento e seleção, a empresa originalmente iria promover seu serviço basicamente para as 500 maiores empresas da revista Fortune, já que tais empresas contratam um número significativo de novos funcionários todos os anos. Mas depois a direção se deu conta que as "baleias" do recrutamento não eram as 500 maiores empresas da revista *Fortune,* mas sim as grandes consultorias e agências de emprego. Cada uma dessas empresas contrata milhões de pessoas todos os anos. A Manpower, por exemplo, contrata cerca de 4 milhões de pessoas por ano.[50] Para cada pessoa contratada, cerca de três a cinco candidatos com potencial devem ser triados.

O fundador da HarQen, Kelly Fitzsimmons, almejou especificamente as três maiores empresas de recrutamento e seleção em parte para obter a receita que poderia vir dessas empresas enormes. Mas ele também fez isso porque ao assegurar tais empresas como clientes, a HarQen poderia demonstrar que sua nova tecnologia poderia ser uma eficaz ferramenta para lidar com todo tipo de volume de atividades

---

[50] Site Web da Manpower, http://www.manpower.com.

de recrutamento de forma eficiente e pessoal. Na medida em que as empresas de recrutamento se tornavam clientes, o valor de mercado implícito do aval deste terceiro aumentava a visibilidade da HarQen no setor e ainda continua a abastecer o segundo estágio de crescimento. À medida que a empresa cresce e novos indivíduos e clientes são adicionados ao *mix*, o perfil geral da sua empresa e produtos pode se tornar difuso. Pessoas recém-contratadas em geral trazem consigo suas próprias perspectivas do que é importante, sobre como os serviços deveriam ser posicionados e fornecidos e qual aspecto do sucesso precisa ser salientado. O grupo de marketing precisa se envolver logo cedo nas atividades voltadas para o crescimento para certificar-se de que os novos produtos ou serviços e os novos funcionários sejam integrados na mensagem da marca de forma consistente. Em certos aspectos, o marketing tem que ser o guardião da clareza e da consistência.

DIVULGANDO A SUA MENSAGEM

Se a sua empresa vende produtos em vez de serviços, o marketing é ainda mais importante para impulsionar receitas do que em uma empresa prestadora de serviços clássica. No marketing de produtos, deve-se, em primeiro lugar, determinar para quem o produto é vendido. Existe mais de uma categoria de comprador? O comprador do produto é o usuário final do produto? Após determinar quem são os compradores, o próximo objetivo é determinar qual a melhor forma de atingi-los. Algumas perguntas-chave a serem feitas são:

- Qual canal será o mais eficaz para transmitir a mensagem?
- Qual conteúdo, tanto lógico quanto emocional, irá influenciar as decisões de compra dos compradores?
- Qual a mensagem ou conjunto de mensagens mais eficaz que irão influenciar a decisão de compra?
- Existem outras pessoas com influência na decisão de compra as quais você também deveria atingir?

Mindy Meade é um ex-executivo da propaganda e atualmente sócio-gerente da Strategic Marketing Associates. Antes de abrir sua própria empresa, ela teve uma longa carreira na agência Leo Burnett, trabalhando com empresas que tentavam construir suas marcas. Ela usa uma descrição simples para mostrar os fundamentos em torno dos quais uma organização de marketing deveria organizar suas atividades:

CONVENÇA: *O cliente-alvo*
DE QUE: *Aquilo que você quer que eles acreditem*
SE DEVE A: *Quais são os benefícios, sejam eles racionais ou emocionais*

Como este quadro provisório mas perspicaz demonstra, o marketing eficaz continua focado nas preocupações concretas do processo de conquista de um cliente. Quem você está almejando (e deve ser específico nesta definição)? Como atingir estas pessoas? Que características e benefícios provavelmente eles valorizam? Qual a mensagem que irá atrair o seu público-alvo, tanto do ponto de vista racional quanto emocional?

Uma vez determinado o público-alvo e tendo uma mensagem que você acredita que irá atrair o público, então poderá decidir o melhor canal para atingir este público e que seja exequível dentro de seu plano de crescimento.

Conforme mencionado anteriormente, um erro frequente é a tendência de os executivos escolherem um método de transmitir uma mensagem que se baseia mais em sua própria visão subjetiva daquilo que irá funcionar, em vez de um processo de seleção baseado em fatos e cuidadosamente meditado. Um exemplo seria colocar um anúncio de página inteira em uma prestigiosa revista ou jornal que recorra à imagem que o executivo quer para a empresa em vez de usar uma abordagem que poderia ser menos glamorosa, mas bem mais eficaz. Um outro exemplo seria pagar caro pelo patrocínio para ter o seu produto em um programa de TV ou quem sabe um evento esportivo quando isso pouco produz no sentido de impactar a mensagem específica que deseja transmitir para o seu público-alvo.

MARKETING DE CRESCIMENTO

167

Usualmente a tática consagrada funciona melhor. Obviamente, qual é esta depende do produto, mas incluiria o uso efetivo de relações-públicas, conversações, liderança abalizada e presença e participação ativa em seminários e feiras relevantes do setor.

Consideremos, por exemplo, o que colocou a Founders Brewing Co. em evidência – os fundadores participaram do seminário sobre cerveja chamado Extreme Beer Festival. O sucesso deles neste seminário levou a uma cobertura da imprensa sobre os produtos específicos por eles fabricados, o que conduziu a um frenesi no mundo *on-line* dos amantes da cerveja e, isso fez que, em última instância, a marca Founders Brewing se tornasse uma das mais procuradas pelos amantes da cerveja. Não foi uma campanha publicitária multimilionária que impulsionou o sucesso da empresa. Foi um trabalho das bases, perfeitamente adaptado ao mercado-alvo da empresa, brilhantemente executado, com uma pitada de sorte e boa fortuna acrescentada à "mistura".

A MBO Partners pode servir como exemplo de como orquestrar uma campanha de marketing eficaz exclusiva para uma empresa e clientes. A empresa oferece vários tipos de serviços para três categorias diversas de clientes: donos de pequenas empresas, empresas de médio porte e grandes corporações. Cada serviço e cliente tem um conjunto diverso de objetivos e necessidades e a MBO desenvolveu estratégias de marketing para atingir cada um deles. Embora o fundador Gene Zaino acredite que a marca e a reputação importam, ele constatou que elas importam menos no lado do empreendimento B2B de seu negócio que atende empresas de grande porte. Ele acha que elas podem apoiar a marca através tanto de vendas diretas e táticas de marketing específicas e direcionadas e não através de esforços mais genéricos para construção da marca.

Para o seu negócio empreendedor, o foco de marketing é ter certeza de que a MBO Partners está presente e visível nos lugares em que se encontram estes clientes. Os executivos de empresas sabem que seus clientes provavelmente lá estarão e eles sabem onde os clientes se encontram no mercado. Através do uso dessas informações, eles podem se dedicar a estratégias de expansão de limites para contatar estes clientes potenciais e também facilitar o acesso à MBO Partners por parte dos clientes potenciais. A MBO é membro de várias associações setoriais e é muito ativa em exposições; a empresa também patrocina os principais eventos e *workshops* setoriais. A empresa quer, pura e simplesmente, estar diante do comprador corporativo. Portanto, o marketing para esta faceta do negócio é focado em táticas mais tradicionais.

A MBO Partners também tem uma área de negócios para consumidores de pequenas empresas. Este negócio se parece mais com uma compra de produto B2C do que uma atividade de venda de serviços corporativos. O número de clientes potenciais para esta área da empresa está na casa dos milhões, de modo que a única maneira para lidar com um mercado deste tamanho é atrair clientes potenciais para a MBO. Neste caso a marca da MBO é crítica. O desafio para a direção da empresa foi descobrir como medir a noção de "confiança". Após a empresa ter elaborado a estratégia para atingir boa parte desta base de clientes, o impulso das histórias de sucesso estendeu a marca para outros consumidores.

PALAVRAS FINAIS

Vendas e marketing são atividades complementares, não intercambiáveis. O marketing dá às vendas as ferramentas necessárias para venderem efetivamente. Ele fornece uma história para ser contada, uma estratégia para atingir o espectro mais amplo de clientes potenciais e manter a marca e o perfil da empresa em posição de destaque no mercado. Os profissionais de marketing voltados para o crescimento de segundo estágio focam no básico. Eles irão entender quem são os seus clientes. Eles entenderão a mensagem que deve ser transmitida para criar credibilidade e ganhar a confiança destes clientes. Eles saberão qual mensagem irá funcionar melhor e o canal mais eficiente para transmiti-la. E à medida que a empresa cresce, os mercados mudam e os produtos evoluem, os profissionais de marketing permanecerão ocupados para mudar, refinar e aperfeiçoar a estratégia de marketing e sua execução conforme necessário.

MARKETING DE CRESCIMENTO

O marketing de crescimento é um fator importantíssimo para o sucesso. Em geral esta decisão pode ir contra o bom senso para o empreendedor que se encontra no segundo estágio de crescimento . Em geral, os recursos são escassos. Na maioria dos casos, os empreendedores já atingiram o sucesso dependendo de vendas agressivas de seus produtos ou serviços. O marketing parece uma atividade abstrata que talvez não valha o investimento. Entretanto, se conversarmos com este tipo de empreendedor que já percorreu a jornada para o crescimento sustentado, quase que de forma unânime eles irão lhe dizer que deveriam ter despendido mais tempo e mais dinheiro em marketing desde o começo. A estratégia de marketing exclusiva, supervisionada pelo profissional certo, será uma alavancagem significativa no esforço para impulsionar sua empresa para o hipercrescimento. Faça com que ele seja parte do plano de crescimento de sua empresa desde o primeiro dia e colha os frutos.

Capítulo 9

A EXPERIÊNCIA DO CLIENTE VIVIDA EM SUA TOTALIDADE

A MAIORIA DAS PESSOAS ENTENDE QUE GRANDES empresas – aquelas sobre as quais nós falamos, escrevemos e somos apaixonados – baseiam grande parte de seu contínuo sucesso naquilo que é chamado de "*a experiência do cliente vivida em sua totalidade*". Do primeiro contato ao atendimento final, estas empresas se certificam que cada interação com seus clientes proporcione satisfação. Elas fizeram disso parte de seu DNA cultural; elas entendem que um comprometimento a um exemplar atendimento ao cliente é vital para o seu sucesso, pois o melhor porta-voz de qualquer empresa é um cliente completamente satisfeito.

Há um número limitado de empresas que foram capazes de implementar com sucesso uma abordagem de atendimento ao cliente em sua totalidade como uma estratégia-chave para impulsionar seu crescimento. As poucas empresas de porte que partem consistentemente desta premissa são bem conhecidas e incluem nomes icônicos como Amazon, Apple, Ritz Carlton, Zappos, Lexus, Federal Express e Nordstrom. Como clientes dessas empresas, sabemos que a abordagem delas é a exceção no mundo de hoje, e não a regra. Obviamente hoje estas empresas são bem grandes, mas um dia já estiveram na condição de empresa que passava pelo segundo estágio de crescimento e, em alguns casos, há não muito tempo. A Amazon, por exemplo, era uma startup em 1994, a Zappos em 1999. O comprometimento no longo prazo destas empresas em proporcionar uma excepcional experiência ao cliente as diferencia de seus concorrentes e as colocou no topo.

Estas empresas criaram uma organização inteira dedicada a criar relações um-a-um com seus clientes, tarefa nada pequena já que elas estavam envolvidas em milhares ou até mesmo milhões de transações diárias. Da completa transparência nas informações sobre os produtos a funcionários atenciosos, de preços competitivos a atendimento eficiente, cada uma destas empresas alocou recursos para criar um sistema que proporcionasse ao cliente a melhor experiência possível.

Em grande parte a atenção destas empresas aos detalhes das necessidades de cada cliente se tornou uma das qualidades distintivas de suas marcas.

O DIVISOR DE ÁGUAS NA EXPERIÊNCIA DO CLIENTE VIVIDA EM SUA TOTALIDADE

Não obstante a grande importância da experiência do cliente vivida em sua totalidade para o sucesso de qualquer empresa, é surpreendente como poucas delas investem tempo da gerência e capital para que façam parte de seus princípios operacionais. Tenha em mente que estamos falando da experiência do cliente vivida em sua totalidade, e não simplesmente um aspecto específico dela como atendimento ao cliente ou *merchandising*. A experiência do cliente vivida em sua totalidade é mais complexa, provavelmente a razão para tantas empresas fracassarem no seu cumprimento.

No livro *The Customer Experience Revolution* (Raphel Marketing, 2011), Jeofrey Bean e Sean Van Tyne estimam que apenas 5% de todas as organizações americanas valorizam, o que dizer proporcionam, uma experiência excepcional a seus clientes. De acordo com uma pesquisa da CEI, 86% dos compradores pagariam mais por viver uma experiência melhor como cliente. Mas apenas 1% dos clientes sente que os fornecedores atendem suas expectativas de forma consistente.[51] E isto é para *atender* as expectativas, e não para excedê-las, que é o objetivo que você deve se esforçar ao máximo para cumprir caso queira gerar fidelidade por parte do cliente. Estes são números impressionantes em vista do enorme quantidade de pesquisas feitas ao longo dos últimos 20 anos que demonstram, de forma conclusiva, que existe uma relação direta entre a capacidade de consistentemente proporcionar uma experiência de alta qualidade ao cliente e crescimento/lucros. No livro,

---

[51] Jeoffrey Bean e Sean Van Tyne, *The Customer Experience Revolution: How Companies like Apple, Amazon e Starbucks Have Changed Business Forever*, Brigantine Media, 2012.

A EXPERIÊNCIA DO CLIENTE VIVIDA EM SUA TOTALIDADE   175

Green e Van Tyne citam a pesquisa da Forrester mostrando que as 10 melhores empresas em atendimento ao cliente geraram retornos que eram 41% maiores do que o S&P 500 Index. Eles ainda indicam que ao longo de um período de três anos, os retornos destas empresas líderes em proporcionar a melhor experiência ao cliente foram 145% maiores do que aqueles do grupo de empresas que se encontravam na rabeira neste aspecto. Portanto, contrariamente àquilo que algumas empresas imaginam, proporcionar uma experiência excepcional ao cliente todas as vezes pode levar a um alto retorno sobre o investimento.

O tempo e o dinheiro dos clientes são preciosos. Se eles puderem desfrutar de uma experiência benéfica com uma empresa, eles pagarão a mais por ela. Eles permanecerão fiéis, voltarão para fazer novos negócios e, acima de tudo, irão recomendar esta empresa para outros. É uma situação em que todos saem ganhando do princípio ao fim quando uma empresa suficientemente inteligente estabelece como prioridade proporcionar experiências excepcionais ao cliente.

A EXPERIÊNCIA DO CLIENTE VIVIDA EM SUA TOTALIDADE ACELERA O CRESCIMENTO

Mas o que tudo isso tem a ver com ser um empreendedor de segundo estágio buscando impulsionar sua empresa para um rápido crescimento? Em apenas uma palavra: oportunidade. No Capítulo 4 discutimos o conceito de "crie, não concorra" como uma maneira poderosa de diferenciar sua empresa em relação às demais do mercado. Proporcionar ao cliente uma experiência que ele possa viver em sua totalidade é uma forma de ultrapassar a concorrência. Em vista da pouca atenção dada para este importante conceito conforme demonstrado pela pesquisa citada anteriormente, você pode implementar a estratégia de proporcionar ao cliente uma experiência que ele possa viver em sua totalidade como um trampolim para o sucesso no segundo estágio de crescimento.

Diferentemente de concorrentes maiores e mais sólidos, startups perspicazes podem ser mais rápidas na resposta aos seus clientes e fazer com que a experiência vivida por eles seja tão memorável que eles voltarão para mais e contarão para seus amigos e colegas. De fato, muitos empreendedores alavancaram esta lacuna a seu favor, criando empresas menores que oferecem um produto ou serviço irresistível de uma forma especial e totalmente centrada no cliente, algo que não pode ser encontrado em seus concorrentes.

Consideremos, por exemplo, o crescimento dos "hotéis-butique",[52] empresas de recrutamento de executivos em nichos específicos ou uma empresa de bicicletas topo de linha como a Seven. Estas empresas descobriram corretamente que seus clientes queriam um atendimento individualizado e estavam dispostos a pagar por isso desde que visando atender suas necessidades. Esta é a experiência do cliente em sua totalidade que os clientes não conseguem obter de concorrentes maiores focados no volume e em uma parcela do mercado geral.

Para um exemplo mais detalhado, retornemos à Intelligentsia Coffee and Tea para ver o que está envolvido na experiência do cliente em sua totalidade. Na Intelligentsia, tudo está ligado à qualidade da experiência de tomar café vivida em sua totalidade: qual a origem do café, como ele é mesclado e torrado, por quanto tempo ele permanece embalado, a recepção e a ambiência das cafeterias e, acima de tudo, como o café é servido para cada cliente, um pedido de uma xícara por vez acompanhado de um sorriso. Os atendentes não vertem em sua xícara um café que veio de um grande bule. Pelo contrário, você pode escolher a combinação de distintos tipos de grãos, estes são medidos, moídos na hora e sua xícara é preparada enquanto você aguarda. Você receberá tudo isso por um preço bem mais caro do que no Starbucks ou Dunkin Donuts. No Intelligentsia Coffee and Tea, certamente os clientes pagam mais caro pela qualidade do café, mas eles realmente são fiéis à experiência do cliente em sua totalidade que eles vivenciam toda vez que entram numa loja da Intelligentsia. Consistentemente de alta qualidade, eficiente e amistosa, esta experiência se tornou a principal *commodity* e diferenciação da marca da Intelligentsia.

---

[52] Detalhes em http://es.wikipedia.org/wiki/Hotel_boutique. (N.T.)

ASSUMINDO O COMPROMISSO

Propiciar ao cliente uma experiência que ele possa viver em sua totalidade é parecido com cada outro elemento importante em seu plano de crescimento para a sua startup. A atenção a cada um dos detalhes envolvidos no processo significará o seu fracasso ou sucesso. Quando se está construindo uma empresa e expandindo-se a base de clientes, qualquer erro de cálculo pode ter efeitos desastrosos, especialmente no que tange à experiência do cliente. Entre as perguntas-chave a serem respondidas enquanto você foca a sua atenção nestas questões, temos:

- Que tipo de experiência o cliente deseja?
- A empresa já proporciona esta experiência no momento?
- Que mudanças culturais são necessárias para garantir que a empresa propicie uma experiência excepcional?
- Quais recursos precisam ser alocados para esta atividade em termos de pessoal, entrega, sistemas de pagamento e *follow-up*?
- Como o sucesso pode ser medido?
- Como o sucesso pode ser promovido para se tornar parte da marca?

Da mesma forma que os clientes irão ficar loucos pelas coisas que você faz certo, eles também perceberão rapidamente coisas que você esqueceu. E no mundo contemporâneo, eles contarão isso para outras pessoas – em conversas, no café e nas mídias sociais.

É difícil obter todos os detalhes corretamente sempre, pois todo mundo no sistema inteiro tem que entender a necessidade para ter uma alto desempenho e de forma consistente – e o sistema inteiro realmente inclui todos de sua empresa. Isso funciona apenas se não existir nenhuma lacuna. Experiência do cliente em sua totalidade significa comprometimento total da empresa. Depois de fazer as perguntas básicas, será preciso criar um plano para proporcionar a melhor experiência possível para o cliente. Apresentamos abaixo uma diretriz geral para ajudá-lo a pensar como criar e executar um plano desses.

FAÇA DA EXPERIÊNCIA DO CLIENTE EM SUA TOTALIDADE UMA DE SUAS PRIMEIRAS PRIORIDADES

Fazer da experiência do cliente em sua totalidade uma prioridade é um importante primeiro passo e deve partir do fundador da empresa e ser apoiado pela diretoria. Deve haver um comprometimento de fundos e recursos a ser seguido e um comprometimento de que os processos, incentivos e desincentivos de gestão suportem toda a missão.

PESQUISA AS MELHORES PRÁTICAS PREDOMINANTES NO MERCADO

De modo a criar uma experiência do cliente em sua totalidade que seja nova e diferente, é preciso saber o que seus concorrentes estão oferecendo a seus clientes. Pesquise seus sistemas. Examine os comentários dos clientes nos sites Web dos concorrentes. Entenda como funciona a tecnologia existente que suporta o processo. Assimile aquilo que funciona e use-o à medida que remodela o seu próprio plano.

CRIE UM GUIA DE CADA ETAPA DA EXPERIÊNCIA DO CLIENTE

O processo começa com uma descrição detalhada da experiência do cliente vivida no momento. Você terá que avaliar a eficácia de cada etapa e decidir quais permanecerão, quais precisarão ser modificadas ou aperfeiçoadas e quais devem ser eliminadas. Usando esta análise como ponto de partida, construa todo o processo para torná-lo mais consistente, mais rápido e mais satisfatório. Obtenha informações do *staff* que interage com clientes, vendas, atendimento, consignação de pedidos, etc. Peça sugestões a seus clientes fiéis.

DEFINA A EXPERIÊNCIA ÚNICA PARA A SUA EMPRESA

Esta é uma fase agradável que também envolve a maior parte de sua diretoria e, provavelmente, também pessoas de várias funções. É uma espécie de *brainstorming*. O que a sua empresa poderia oferecer aos clientes que não está oferecendo no momento? O processo poderia começar fazendo perguntas como: O que é único em relação à sua empresa e produtos? Como você poderia criar uma experiência para o cliente que reflita o caráter da companhia? Isso poderia envolver algum tipo de empacotamento especial ou uma combinação de serviços personalizados ou então um criativo programa de descontos ou plano de pagamento.

ELIMINE OS OBSTÁCULOS À EXPERIÊNCIA

Foque nos aspectos de seus sistemas internos que tornam as transações com os clientes complicadas ou frustrantes. Pode ser que a terceirização da função de *call center* não funcione conforme planejado ou o volume criou grande tempo de espera para se conseguir uma ligação. Talvez um acondicionamento incorreto ou sistemas para aprovação de crédito complicados frustrem os clientes. Todas as partes em que existirem reclamações por parte dos clientes têm que ser remodeladas para melhorar a experiência vivida por ele.

Recentemente, eu interagi com uma empresa de tecnologia de ponta que comercializava um novo produto tecnológico para pesquisas de opinião. O produto era muito chamativo, com preço justo e perfeito para atender um cliente meu. Entretanto, a empresa exigia que o cliente lesse e concordasse com um contrato de serviços de 27 páginas com algumas cláusulas questionáveis. Nem é preciso dizer, esta parte do processo não me passava confiança na minha relação com o fornecedor e não contribuía para uma experiência do cliente positiva em sua totalidade. Optei por usar um outro fornecedor com um contrato de serviços muito mais enxuto e amigável.

FORTALEÇA O SUPORTE AO CLIENTE

Provavelmente uma das partes mais importantes da experiência do cliente em sua totalidade é como sua empresa dá suporte aos clientes após terem recebido o produto ou serviço. Embora a maior parte dos sistemas de suporte ao cliente seja projetado para lidar com questões ou problemas que surgem depois da transação ter sido efetuada, também é preciso prestar certa atenção na parte do processo que mantém contato direto com o cliente. Prestar atenção nas necessidades do cliente em ambas as pontas da interação é crítico para um cliente viver uma boa experiência em sua totalidade. Os líderes na área prestam particular atenção em treinar seu pessoal no suporte ao cliente e dar a eles considerável liberdade de escolha na descoberta de soluções factíveis para problemas de clientes.

GARANTA A REPETIÇÃO DE NEGÓCIOS ATRAVÉS DE FOLLOW-UP E FEEDBACK

Ao embarcar na jornada de proporcionar ao cliente que ele viva uma experiência em sua totalidade, você terá muitas oportunidades para permanecer em contato com o seu cliente e reunir *feedback* inestimável. A melhor maneira de se enfatizar a experiência do cliente em sua totalidade é fazer *follow-ups* com seus clientes para que eles saibam que você apreciou a empresa deles e está pronto para ajudá-lo em necessidades futuras. Isto alicerça a sua relação com eles e torna mais completa a experiência deles com a sua empresa.

Reunir *feedback* também é importante para manter sua empresa no máximo de desempenho. Este *feedback* virá de clientes, funcionários, fornecedores e possivelmente de outras fontes como investidores, mídia e concorrência. Estas informações vêm de várias formas: por escrito, oralmente e digitalmente. Elas podem assumir a forma de reclamações ou elogio, gratidão por um trabalho bem feito ou críticas apontando o que precisa ser mudado. Todo *feedback* é vital para o processo. Muitas vezes vale a pena ir um passo além, solicitando *feedback* através de pesquisas de opinião. Há também um campo emergente do monitoramento das mídias sociais. Existe uma série de ferramentas desenvolvidas para ajudá-lo a manter-se atualizado e monitorar o que os seus clientes estão dizendo sobre sua empresa no mundo *on-line*.

REINOVAR

A experiência do cliente em sua totalidade é uma meta móvel. O mercado está constantemente mudando devido à tecnologia e à introdução de novas estratégias. Para estar totalmente comprometido em propor-

A EXPERIÊNCIA DO CLIENTE VIVIDA EM SUA TOTALIDADE 181

cionar uma ótima experiência ao seu cliente, é preciso estar vigilante. Use o *feedback* que reunir, imponha a si mesmo barreiras mais difíceis para melhorar ainda mais a experiência e preste atenção ao que está acontecendo no mercado. Instaure um processo de revisão regular para corrigir quaisquer falhas no sistema.

A Shiftgig possui uma experiência do cliente em sua totalidade bem diferente para lidar do que a maioria das empresas enfrenta. Praticamente todas as interações que a Shiftgig irá ter com um cliente são virtuais. A empresa opera inteiramente no mundo *on-line*. As empresas de tecnologia aprenderam a lidar com este desafio. No caso da Shiftgig, muito embora ela esteja apenas entrando no segundo estágio de crescimento, ela já possui práticas bastante avançadas e pessoal exclusivo para garantir que a experiência do cliente seja excepcional e em sua totalidade. Eles contrataram uma "gerente de comunidades". A função dessa pessoa é alcançar usuários (tanto indivíduos em busca de trabalho quanto os gerentes que estão efetuando as contratações) para obter *feedback* específico sobre o que está funcionando bem e onde podem ser feitas melhorias.

Certas vezes a gerente de comunidades fornece *feedback* não solicitado para usuários específicos sobre como eles podem melhorar o seu perfil e ela também envia regularmente pesquisas de opinião automatizadas para obter a perspectiva de vários usuários. Como acontece na maioria das empresas de tecnologia, o desenvolvimento de produto da Shiftgig jamais está pronto. A Shiftgig lança continuamente novos recursos, com uma frequência que pode chegar a duas vezes por semana. Algumas vezes, após receber *feedback* de clientes, a empresa descobre que é melhor reverter para a versão anterior caso alguns recursos novos recebam uma apreciação negativa por parte dos usuários ou se parece não funcionar tão bem quanto planejado.

A Shiftgig também contratou uma outra pessoa para ser responsável pelo monitoramento de todas as conversas *on-line* sobre a Shiftgig. Esta pessoa também trabalha para estabelecer e sustentar a presença da Shiftgig no Twitter e no Facebook. É interessante notar que esta pessoa começou nesta função quando a Shiftgig ainda tinha apenas dois meses de funcionamento. Isso demonstra a importância que os fundadores da empresa colocam em garantir que a experiência do cliente seja a melhor possível em sua totalidade.

Quando penso nas empresas das quais já tomei parte, certamente um dos aspectos que ajudaram a impulsionar um rápido crescimento era ter algum entendimento do poder da experiência do cliente em sua totalidade e tornar esta experiência ainda melhor do que algumas das alternativas e escolhas do cliente. Participei de um seminário para executivos na Harvard Business School na época em que me encontrava na minha primeira startup e o aprendizado proveniente do curso, intitulado "*The Service-Profit Chain* (A Cadeia Serviços-Lucro)" afetou profundamente meu pensamento sobre o poder originado pelo foco em proporcionar ao cliente uma experiência de alta qualidade e em sua totalidade. Os professores da Harvard que ministraram este seminário haviam se dedicado cinco anos pesquisando as práticas de uma série de empresas para, de um lado, tentar correlacionar o lucro ao crescimento, e por outro, fidelidade do cliente, satisfação do cliente, satisfação do funcionário e produtividade. De acordo com o livro "*The Service-Profit Chain*", de Earl Sasser, James Heskett e Leonard Schlesinger (HBS Press, 1997), a cadeia está interligada da seguinte maneira: lucro e crescimento são resultado de níveis elevados de fidelidade do cliente.

A fidelidade é um resultado direto da satisfação do cliente. É gerada satisfação quando os clientes percebem um elevado nível de valor nos produtos e serviços fornecidos. O valor é mais influenciado por funcionários leais, produtivos e contentes. A satisfação do funcionário basicamente é resultado de serviços de suporte e políticas claras e lógicas que possibilitam aos funcionários gerarem resultados para os clientes sem ter que toda vez obter a permissão da gerência. A cadeia serviços-lucro também é definida por um tipo especial de liderança que enfatiza a importância de cada funcionário e cliente.[53] O brilhantismo da pesquisa está no fato que os autores foram capazes de provar quantitativamente que empresas que atuavam consistentemente desta maneira, com estas práticas, superavam significativamente seus pares

---

[53] James Heskett, Earl Sasser e Leonard Schlesinger, *The Service-Profile Chain*, The Free Press, 1997.

A EXPERIÊNCIA DO CLIENTE VIVIDA EM SUA TOTALIDADE

em crescimento e nos lucros. O grande mistério, obviamente, passados todos estes anos, é por que não existe um número maior de empresas que adotaram a estratégia e as práticas descritas neste livro.

À medida que criávamos as startups que vieram em seguida, tentamos colocar em prática aquilo que havíamos aprendido dos professores de Harvard assim como daquilo que parece intuitivamente óbvio. Por exemplo, conforme mencionado anteriormente, nestas startups, grande parte da atenção era dedicada a quem contratávamos, na crença de que se não fizéssemos isto certo, estávamos fadados ao fracasso desde o princípio e seria impossível proporcionar ao cliente, de forma consistente, uma experiência memorável em sua totalidade. Caso não faça mais nada, pelo menos faça isso certo. Em geral grandes colaboradores irão superar obstáculos significativos colocados à sua frente pelas suas próprias empresas para manter os clientes satisfeitos, e eles fazem isso inteiramente por conta própria. E ao aderir à definição da experiência do cliente em sua totalidade, em que cada possível ponto de contato entre um cliente e sua empresa importa, segue que cada pessoa dentro da empresa importa também. Não existem cidadãos de segunda classe. O nível de comprometimento dos funcionários é extremamente importante. Como um telefonema feito para a empresa ao acaso é respondido importa. A forma de se vestir dos funcionários importa. Como uma reunião de vendas é conduzida importa. O modo como um consultor transmite uma mensagem difícil importa e esta é uma técnica que todos os consultores devem dominar.

O nível de entendimento por parte dos funcionários em cargo gerencial de que é trabalho deles ajudar a equipe a ser bem-sucedida é crítico. Fundamentalmente, é importante entender qual a percepção de valor para um cliente, que é definido como o custo ou investimento exigido para o produto ou serviço comparativamente ao resultado obtido. É igualmente importante o nível de satisfação do cliente que é definido como a expectativa comparada àquilo que realmente é fornecido. Nós tentávamos fornecer acima do esperado, todos os dias. É uma tarefa nada fácil e nós não atingíamos nossa meta todos os dias e com todos os clientes. Mas o foco de tentar fazer isso e na maior parte atingi-lo, valeu muito a pena para ajudar a impulsionar o rápido crescimento dessas empresas.

A PERCEPÇÃO DE VALOR IMPORTA

Fundamental para se proporcionar a melhor experiência ao cliente a todo momento é entender o que é *prezado* pelo cliente. Qualidade dos produtos, fixação de preços competitivos, consistente atendimento ao cliente, suporte ao cliente e *follow-up* são componentes-chave dessa experiência, mas quais deles é de fundamental importância para os seus clientes? Usando os mecanismos de *feedback* implantados, analise os dados para determinar o que os clientes realmente querem viver como experiência com sua empresa e ajuste os seus procedimentos de acordo.

As expectativas dos clientes concernentes às suas experiências como cliente e que possam ser vividas em sua totalidade são o outro aspecto da percepção de valores deles. Os clientes comparam suas experiências vividas com outras empresas com as da sua empresa. Antecipar esta expectativa com base no acúmulo de dados através de *feedback* e pesquisas de mercado irá ajudá-lo a administrar efetivamente a experiência vivida pelos seus clientes.

Quando você é capaz de proporcionar ao cliente uma experiência que possa ser vivida em sua totalidade, você passa a ter um considerável poder para fixar os preços que deseja, já que os seus clientes estão comprando com base no valor. Por exemplo, se você for um cliente fidelizado da SoulCycle e participar de duas aulas por semana, você poderia, pelo mesmo valor gasto com a academia, comprar duas bicicletas de fibra de carbono por ano. Para muitas pessoas isso seria visto com bons olhos. Mas os fundadores da SoulCycle perceberam de maneira correta que o desejo de seus clientes por "exercício" é apenas parte do que é valorizado ao fazer uma aula de *spinning*. Eles coreografaram corretamente a combinação perfeita entre exercício aeróbico, aparência e personalidade do instrutor, ambiência, música e calor bem como os demais participantes que fazem parte do pacote que vem com uma aula na SoulCycle. É a experiência do cliente vivida em sua totalidade que faz com que os clientes da SoulCycle continuem voltando – e voltando com frequência.

Da mesma forma, quando os fundadores da Founders Brewing bolam uma nova variedade de cerveja, a empresa não está realmente preocupada com o custo de produção desta cerveja. Seus proprietários sabem que se eles tiverem detectado corretamente o sabor da cerveja e forem capazes de associarem de modo criativo a marca e a embalagem da cerveja, eles terão liberdade para adicionarem sua margem normal e desejada ao custo de produção da cerveja. Ser capaz de concretizar isso exige criatividade, execução consistente da estratégia e habilidade de se conectar com os clientes de modo a proporcionar uma experiência que os encantem ao longo do ciclo de transação.

PALAVRAS FINAIS

A experiência do cliente vivida em sua totalidade é de fundamental importância para o sucesso no crescimento de uma empresa. Vai muito além da simples noção de tirar o pedido de modo amistoso, eficiência no fornecimento do produto/serviço ou de suporte ao cliente. A experiência do cliente vivida em sua totalidade é todo o processo de sua empresa interagir com seus clientes, desde o primeiro contato até o *follow-up* e a reunião de dados de *feedback*. Proporcionar uma experiência excepcional resultará na fidelização dos clientes, na realização de novos negócios com estes mesmos clientes e na expansão para um número crescente de clientes através da propaganda boca a boca (ou de redes sociais).

Empresas gigantescas como a Amazon, Apple ou Nordstrom impuseram barreiras mais difíceis para todas as empresas no que tange ao nível da experiência do cliente vivida em sua totalidade. Elas fizeram disso uma parte importante da identidade de suas marcas. Como resultado, empreendedores de segundo estágio querendo impulsionar suas startups para o próximo nível de sucesso devem ter um grande comprometimento em tornar a experiência de seus clientes a melhor possível. Para se atingir este importante marco, todo mundo precisa fazer discursos de venda, do presidente até o funcionário de mais baixo escalão sem exceção. O conselho de administração e os investidores também precisam apoiar a estratégia. A atual experiência do cliente vivida em sua totalidade precisa ser definida e analisada. Devem ser estabelecidas metas para otimizar o processo de concretização da experiência, reforçar cada etapa para torná-la a mais amistosa e voltada para o cliente possível.

Mas a partir do momento em que o sistema reformulado estiver em funcionamento, o trabalho não termina por aí. É igualmente importante implantar um mecanismo para medir o sucesso e reunir informações de *feedback* construtivas. Reforçar e refinar a experiência do cliente que possa ser vivida em sua totalidade é uma atividade contínua.

Entretanto, os resultados compensam o investimento em treinamento e gerenciamento de sistemas. Pesquisas mostram que as empresas que fazem da experiência do cliente vivida em sua totalidade uma prioridade passam a ter sensíveis aumentos (entre 10% e 99%) em suas receitas e lucratividade. Para uma empresa que atingiu o crescimento de segundo estágio consolidando sua marca como uma alternativa a ser considerada em um mercado tão congestionado, proporcionar a seus clientes uma experiência única e gratificante é a pedra angular para o lucro e crescimento sustentados.

Capítulo 10

A CULTURA IMPORTA

À PRIMEIRA VISTA, O CONCEITO DE CULTURA CORPORATIVA pode parecer um tanto abstrato para qualquer discussão sobre o processo concreto e veloz de levar uma empresa ao segundo estágio de crescimento. Afinal de contas este é um conceito do "caráter" de uma empresa ou, conforme define a revista *Entrepreneur*, "uma combinação de valores, crenças, tabus, símbolos, rituais e mitos" muito subjetivos para fazer diferença?[54]

Para que uma empresa possa atingir o segundo estágio de crescimento, geralmente requer que a cultura da empresa seja consistente com a visão e os valores de seu(s) fundador(es) e equipe diretiva. Em primeiro lugar foi esta visão que proporcionou o sucesso da startup. Eu acredito que a cultura de uma empresa é a liga que une as pessoas à estratégia operacional, o "tempero secreto" que mantém a equipe focada na visão geral do crescimento acelerado e, como tal, é crítico considerá-la como parte da estratégia para o segundo estágio de crescimento como um todo.

A cultura de uma empresa irá impactar profundamente o seu desempenho ao longo do tempo. Portanto, vale a pena investir tempo para codificar os valores, as crenças, os símbolos e os comportamentos que formam a cultura existente para depois implantar medidas que criem e reforcem uma "cultura consciente" por toda a empresa. Uma vez que isso seja claramente declarado e aceito por todos os funcionários, a jornada para o crescimento sustentado é garantida. Porém, o que constitui uma cultura corporativa saudável? Embora a congruência com a visão e os valores do fundador da empresa seja certamente a base da prosperidade, existem qualidades significativas que contri-

---

[54] Site Web da *Entrepreneur Magazine*, "Corporate Culture", http://www.entrepreneur.com/encyclopedia/corporate-culture.

buem para a saúde geral da cultura de uma empresa. Alguns dos aspectos fundamentais são os seguintes:

- Visão de mundo de longo prazo.
- Entendimento de que o sucesso individual depende do sucesso coletivo.
- Comprometimento em proporcionar ao cliente uma experiência que iguale ou supere o prometido pela marca.
- Ênfase em fazer a coisa certa e não a coisa vantajosa.
- Os valores da honestidade, transparência e as melhores práticas no que diz respeito aos funcionários e clientes.
- Política de contratar pessoas que se coadunem com a cultura da empresa para construir o seu futuro.

Consideremos a cultura adotada na MBO Partners, empresa da qual tratamos anteriormente neste livro. Gene Zaino, seu fundador e CEO, trabalhou duro para estabelecer e depois desenvolver uma cultura consciente que ele acredita que irá dar apoio ao crescimento da empresa no longo prazo. Um dos elementos importantes desta cultura é a abertura e a transparência. Gene encoraja todo mundo na empresa a ir até a sua sala para dar alguma sugestão ou fazer críticas construtivas. Se a pessoa se mostrar correta em seu pensamento, as coisas podem e devem mudar. Embora, obviamente, esta abertura não esteja isenta de gerar alguns problemas, os funcionários da MBO sentem que eles têm voz ativa dentro da empresa. A rotatividade de mão de obra é baixa, a equipe permanece engajada e comprometida e a empresa desfrutou de crescimento sustentado.

Na maioria das empresas, a cultura é estabelecida logo cedo pelos seus fundadores e evolui naturalmente à medida que o negócio cresce e outras pessoas são incorporadas. Trata-se de um processo orgânico que depende da vontade de reagir a fatores que poderiam movimentar a cultura original no sentido de mudanças dinâmicas e positivas.

Por exemplo, em uma empresa de tecnologia, a cultura que evolui é tipicamente centrada no produto e na inovação. Por força da necessidade, brilhantismo técnico e inovação são valorizados acima de ou-

A CULTURA IMPORTA

tros aspectos. Seria incomum para uma empresa de tecnologia ter uma cultura focada em vendas logo de início. Pelo menos no início há uma maior paixão pelo produto em si do que na venda dele. Além disso, o ambiente de trabalho é informal; o estilo de comunicação é informal e há uma ênfase na criação de uma comunidade e na colaboração entre os membros da equipe.

De forma similar, em uma consultoria, a sustentação cultural da empresa tende a se basear na natureza dos produtos/serviços a serem entregues para os clientes, ou seja, os próprios consultores. Muitas vezes baseada na personalidade do fundador, a cultura evolui para sustentar uma variedade de personalidades prontas para atender as necessidades dos clientes. A cultura de uma firma de consultoria tenderá a valorizar projetos interessantes e oportunidades de aprendizado.

A Founder's Brewing Co. é um exemplo de uma cultura que enfatiza a comunidade unida que seus fundadores criaram. Os funcionários da Founders são chamados de Família Founders. Todos os funcionários têm sua foto no site Web da empresa. Foi preciso um bom tempo e esforço para a criação de uma equipe que é apaixonada por cerveja e que faz parte de uma empresa que cresce rapidamente e que fabrica produtos de primeira categoria para o prazer de seus clientes.

De modo similar, a cultura da Brandtrust reflete o tipo de trabalho que a empresa executa para os seus clientes. Pelo fato de a empresa se encontrar no ramo de criação de ideias para os clientes, é preciso ter um certo tipo de pessoa que se encaixe bem na Brandtrust. Eles tentam contratar funcionários que sejam pensadores, curiosos em relação a tudo. Daryl Travis, seu fundador, os chama de garimpeiros. Eles sempre querem saber por quê?, como? e se? Muitos dos membros da equipe têm experiência como cientistas sociais, ou então jornalistas, arquitetos ou escritores. Travis é muito sensível à questão da cultura e é importante para ele focar seu tempo e esforços em fazer a coisa certa. Afinal de contas, a empresa se concentra nas marcas. As marcas são, na realidade, uma promessa para uma parte interessada. Travis acredita que as marcas possuem ideais mais elevados; elas aspiram ser parte de algo que importa; ele acredita que as pessoas querem e podem fazer diferença no mundo. Ele acredita ser capaz de construir a cultura na

Brandtrust de modo que seus funcionários possam ajudar seus clientes criar melhores produtos e melhorar a vida das pessoas.

Quando se entra no segundo estágio de crescimento, é preciso pensar como a cultura existente irá evoluir para refletir as mudanças que ocorrerão. Que aspectos da cultura você imagina serem saudáveis? Existem aspectos da sua cultura que você imagina que possam estar retendo a sua empresa? Existe uma relutância em desbravar o desconhecido ou superar os limites? A cultura é no sentido de desafiar o *status quo*?

Como você poderia criar uma cultura consciente que irá evoluir com a empresa à medida que ela cresce? O segredo é definir a cultura que você deseja estabelecer para então ocupar-se do processo de fazê--lo de uma forma sistemática.

Depois de duas startups de sucesso, cheguei à conclusão de que a cultura corporativa nelas adotadas desempenharam um importante papel para nosso sucesso. Como resultado disso, quando fui cofundador do Capital H Group (minha terceira startup), comecei a pensar de modo mais proativo sobre como o tipo de cultura que fosse importante para mim como CEO também seria para toda a equipe diretiva. Eu achava isso tão importante que fiz com que a criação de uma cultura de empresa consciente fizesse parte do plano de negócios original.

De fato, este plano para criação de uma cultura consciente desde o lançamento da empresa foi um importante fator no recrutamento de novos membros para a equipe. Eles haviam ficado insatisfeitos com as culturas que permeavam as enormes firmas de consultoria globais em que trabalhavam anteriormente e queriam participar da construção de uma cultura própria, uma que fosse saudável e positiva. A Capital H representava uma alternativa, um lugar onde a visão deles poderia ajudar a formar a cultura da empresa. A Figura 10.1 dá uma visão geral de como criar uma cultura consciente seja da fase de startup ou ao planejar ir para o segundo estágio de crescimento.

A ideia de formar uma cultura consciente é partir com um dado conjunto de dados, entre os quais a missão e a estratégia da empresa. Por exemplo, se tivermos uma empresa focada em produtos impulsionados pela inovação tecnológica, provavelmente será necessária uma cultura bem diferente daquela de um negócio de varejo que se baseia em um modelo de ponto de venda. O primeiro passo é compreender a natureza fundamental de sua empresa. A partir do momento em que for capaz de articular que tipo de empresa você criou e ter definido a cultura existente, será mais fácil trabalhar quaisquer mudanças para uma cultura consciente projetada para o crescimento.

FIGURA 10.1 Modelo para desenvolvimento de uma cultura consciente

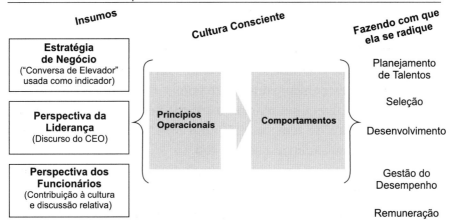

As perspectivas mais significativas concernentes à sua cultura são aquelas dos líderes e funcionários. Cada um desses grupos terá diferentes ideias sobre a cultura corporativa. Em alguns casos, pode ser útil envolver alguns clientes de confiança no processo e obter os seus pontos de vista também. Talvez eles sejam capazes de articular que mudanças na cultura consciente eles iriam valorizar como clientes. De modo a criar uma cultura consciente, estas perspectivas precisam ser integradas.

Uma vez reunidos dados claros e concretos de cada grupo (a coluna mais à esquerda na Figura 10.1), sugiro então que você passe por um processo de discussão e priorização de um conjunto de princípios operacionais e comportamentos desejados (a coluna central da Figura 10.1) com representantes da equipe existente.

Uma cultura consciente é, basicamente, uma que se baseia em valores e não em regras. O objetivo é garantir que esteja claro para todos quais são os valores fundamentais e os objetivos estratégicos. Obviamente, deve existir uma estrutura básica de sistemas e diretrizes para reforçar os valores. Dependendo da natureza de seu negócio, uma cultura consciente bem-sucedida acabará sendo uma combinação tanto de valores quanto de regras.

Após ter chegado a um acordo sobre um conjunto de princípios operacionais, vocês poderão então discutir uma lista de comportamentos que vocês valorizariam como equipe para apoiar os princípios operacionais. Por exemplo, no caso do Capital H Group, queríamos particularmente que uma ética de trabalho altamente colaborativa permeasse a organização. Queríamos recompensar contribuição e esforço com reconhecimento e não com *status* ou hierarquia. Consequentemente, a equipe se tornou autossuficiente e autogovernável com mecanismos de controle e equilíbrio de poderes que levavam a uma atuação que ajudasse a equipe toda.

Os esforços para criar uma cultura consciente para crescimento futuro ganhará pouca tração caso não existam diretrizes estabelecidas para recompensar e reforçar a cultura para os membros da equipe. É crítico pensar e implementar mecanismos que aumentem a eficácia das políticas e padrões comportamentais esperados na cultura consciente. Um dos aspectos mais difíceis no apoio a uma cultura consciente é o que fazer quando uma pessoa está tendo um alto desempenho, gerando resultados fantásticos, mas que não respeita as regras culturais e comportamentos esperados. Isso provavelmente irá acontecer em todas as organizações. Caso queira preservar sua cultura, os executivos da empresa devem intervir e falar com o indivíduo sobre o seu comportamento e forçá-lo a uma mudança ou, caso isso não seja cumprido, este terá que deixar a empresa. Não se pode deixar de aplicar de forma consistente as expectativas de comportamento a todos sem exceção. Não se pode permitir que nenhum funcionário em particular tenha um comportamento distinto pelo

A CULTURA IMPORTA

fato de obter excelentes resultados podendo causar efeitos colaterais altamente negativos no processo.

Todos nós investimos uma boa parcela de tempo elaborando as declarações da missão e visão, e não queremos vê-las acumularem pó nas prateleiras com pouca conexão com a empresa para as quais elas foram desenvolvidas para orientá-las. Caso queira que seus princípios operacionais se radiquem, é preciso garantir que eles se tornem parte integrante de sua cultura organizacional ativa diária.[55]

Se a criação de uma cultura consciente proativa parecer muito assustadora para você e seus executivos, você pode obter ajuda de consultores independentes que poderão ajudá-lo no processo. Dependendo do tamanho e da complexidade de sua organização, talvez mereça a contratação de um especialista para reunir as informações necessárias para tomar as decisões sobre mudanças na cultura de sua empresa. Entretanto, caso você tenha uma diretoria forte e bem relacionada com o *staff*, em geral é possível fazer isso dentro da própria empresa. O importante a ser lembrado é ter certeza de relacionar as informações com os produtos desejados de modo que a cultura resultante seja de fato sólida e administrada através de sistemas. Diretivas vagas sem um acompanhamento prático pode gerar confusão e comportamento ineficaz.

A Figura 10.2 mostra como seria um perfil completo de uma iniciativa cultural consciente.

---

[55] A Lominger, agora parte da Korn-Ferry International, fornecia as ferramentas e o processo usados pelos consultores internos do Capital H Group como um guia para desenvolvimento de uma cultura consciente. http://www.lominger.com.

FIGURA 10.2 Exemplo de um modelo cultural completo

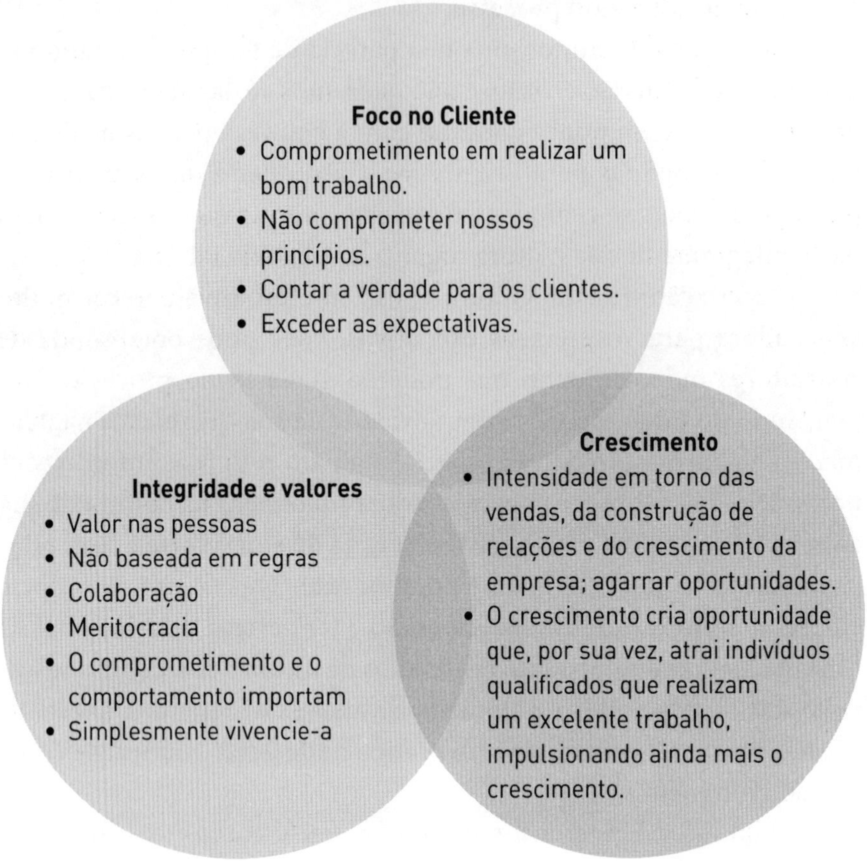

Foco no Cliente
- Comprometimento em realizar um bom trabalho.
- Não comprometer nossos princípios.
- Contar a verdade para os clientes.
- Exceder as expectativas.

Integridade e valores
- Valor nas pessoas
- Não baseada em regras
- Colaboração
- Meritocracia
- O comprometimento e o comportamento importam
- Simplesmente vivencie-a

Crescimento
- Intensidade em torno das vendas, da construção de relações e do crescimento da empresa; agarrar oportunidades.
- O crescimento cria oportunidade que, por sua vez, atrai indivíduos qualificados que realizam um excelente trabalho, impulsionando ainda mais o crescimento.

O PODER DA CULTURA

As culturas se parecem muito com a personalidade de uma organização; geralmente elas não são difíceis de serem encontradas e são difíceis de serem ocultas. Toda empresa possui sua própria cultura. Algumas culturas são colaborativas e dão apoio e incentivo; outras são mais darwinistas e implacáveis, enquanto outras ainda são regimentais e focadas em regras. Mas independentemente de qual cultura impere, ela tem uma vida própria que influencia todos que interagem com a empresa, tanto interna quanto externamente.

A CULTURA IMPORTA

Durante minha passagem pela GE, aprendi muito sobre o poder da cultura corporativa. Um tanto rígida, baseada em regras e hierárquica, ela era uma cultura que valorizava o desempenho. Ultrapasse suas metas, siga um conjunto restrito de certas regras e diretrizes e você será recompensado. Havia pouca tolerância para a não adesão ao modo GE de executar a sua função e menos paciência ainda com o fato de não se atingir as metas de desempenho.

Para enfatizar este princípio operacional, a cultura da empresa era muito focada no desenvolvimento das pessoas. Praticamente todos os funcionários recebiam treinamento formal a cada ano e este treinamento incluía atualizações técnicas e de produtos bem como capacitação profissional. A empresa investia nestes programas para demonstrar aos funcionários como ter um alto desempenho. Como resultado, um desempenho mediano não era tolerado. Esta parte da cultura da empresa era rígida mas dinâmica e produzia seus resultados.

O desenvolvimento das pessoas em formas que iam além do simples treinamento também fazia parte da cultura. Rotineiramente as pessoas talentosas eram identificadas através de uma abordagem formal e informal e eram colocadas em uma rota para novas atribuições e novas "funções mais puxadas" eram elaboradas para aumentar os limites a serem vencidos e nutrir o crescimento.

A GE tinha outras características que eu achava bastante positivas e que também contribuíam para uma cultura de crescimento. Incentivava-se o debate e, por vezes, discussões bastante acaloradas. Se você tivesse um ponto de vista, a expectativa era que você o tornasse conhecido e argumentasse sua posição, mesmo que ela fosse impopular.

Portanto, por que a cultura em um lugar tão grande quanto a GE é relevante para um empreendedor de segundo estágio? Certamente, as grandes empresas não fazem bem tudo, porém, há lições inestimáveis que se pode tirar estudando as culturas que levaram estas grandes empresas a um crescimento sustentado. Ao assimilar de forma seletiva aspectos específicos que comprovadamente funcionaram nestas grandes empresas, você irá fomentar os seus esforços para criação de uma cultura própria dentro de sua própria companhia.

CRIAÇÃO DE UMA CULTURA CONSCIENTE

Minha primeira startup foi uma firma chamada Alternative Resources Corporation (ARC). Eu era o executivo número dois, dirigindo todas as atividades e vendas de campo; portanto, naturalmente eu produzia um impacto considerável sobre a cultura da empresa. Mas o CEO também era uma grande força e um plano que ele bolou teve um impacto dramático na cultura consciente e, em última instância, no sucesso da empresa.

A ARC crescia rapidamente praticamente desde seu início. A Wind Point Partners, donos/investidores *private equity*, planejava vender a companhia ou, quem sabe, realizar uma oferta pública inicial (IPO) no momento certo. Entretanto, o crescimento é dispendioso e os recursos de capital eram limitados.

Como consequência disso, ao montarmos as equipes operacionais e de vendas, nossa estratégia básica de recrutamento era encontrar jovens talentos que trabalhariam por salários compatíveis com nossos recursos. A média de idade nesta empresa de hipercrescimento era abaixo dos 30 anos. Procurávamos jovens que talvez não tivessem uma experiência corporativa significativa, mas que fossem extremamente talentosos, ambiciosos e buscando construir uma carreira.

No quarto ano de operação da empresa, o CEO decidiu introduzir uma ideia que mudaria radicalmente a cultura da empresa: um incentivo válido para todos os funcionários da empresa. Caso conseguíssemos atingir uma meta bastante ousada em termos de receitas naquele ano, todos – literalmente, todos (inclusive os respectivos cônjuges ou parceiros) – ganhariam uma viagem de quatro dias paga pela companhia para as Ilhas Virgens, com hospedagem no Hyatt Regency.

Este incentivo baseado em uma meta bastante difícil de ser atingida teve um impacto poderoso na cultura, unindo as pessoas no sentido de trabalharem juntas para atingir uma meta praticamente impossível. Ele entusiasmou todo mundo, da recepcionista à diretoria, e criou uma poderosa conexão nas mais de trinta filiais nos EUA e Canadá, como nunca houvera acontecido antes.

A CULTURA IMPORTA

A empresa conseguiu atingir a meta naquele ano e todo mundo pôde aproveitar a viagem. Os benefícios, tanto tangíveis quanto intangíveis, resultantes desta experiência tiveram um efeito profundo na cultura da empresa. Vários funcionários, particularmente aqueles que desempenhavam funções administrativas ou operacionais de nível mais baixo, tornaram-se altamente comprometidos com a empresa. A rotatividade de mão de obra caiu praticamente a zero em todos os níveis hierárquicos, e o grau de participação entre as filiais aumentou de forma permanente.

A colaboração e a sensação de missão dividida entre todos ajudaram a impulsionar este incrível crescimento. O sucesso na mudança cultural devido ao incentivo foi tão tremendo que o CEO o utilizou no ano seguinte e os resultados foram igualmente incríveis. Anos depois, se você conversar com as pessoas que fizeram parte da empresa naquela época, muitos irão dizer que nunca trabalharam tanto na vida e jamais tiveram uma experiência tão fabulosa assim.

A ARC havia teve seu início a partir de um plano de negócios em 1988 com um capital total de US$ 2 milhões. Em 1994, dois anos depois da mudança cultural proporcionada pelos incentivos, ela havia superado a casa dos US$ 100 milhões em receita projetada. Todo este crescimento foi orgânico. Abríamos uma filial, a dotávamos de pessoal (vendas e operacional), dávamos treinamento e suporte para a equipe local e as receitas daquela filial começavam a crescer. Naquele mesmo ano a empresa fez uma bem-sucedida oferta pública inicial (IPO). No início de 1996, a companhia apresentava uma capitalização de mercado acima dos US$ 600 milhões.

Quando deixei a ARC no final de 1994 para abrir o Parson Group, levei comigo as lições aprendidas sobre o benefício de se construir uma cultura sólida, baseada em jovens talentos e em incentivos ofertados para todos os funcionários. Desde o princípio, frequentemente reuníamos várias equipes em locais de alto padrão como Telluride, no Colorado ou Lake Owen, em Wisconsin, dois dos lugares mais belos dos Estados Unidos. Estas reuniões eram alternadas entre equipes gerenciais, de vendas e operações. Fizemos questão de incluir todas as funções dentro da empresa e todos os níveis hierárquicos, já que acreditávamos que cada função dentro da companhia contribuía para o plano de crescimento. As reuniões consolidaram a cultura que estávamos tentando construir e uniu as várias equipes em torno da estratégia operacional – e aos seus colegas ao redor de todos os Estados Unidos com partes igualitárias em termos de trabalho e diversão. Promover uma reunião deste tipo é um investimento significativo envolvendo gastos com transporte, alimentação e hospedagem de um grande grupo de pessoas. Há também o custo em termos de tempo fora do escritório não dedicado ao gerenciamento do negócio. Não obstante, estávamos convencidos de que o tempo e o dinheiro gastos tinham um elevado retorno sobre o investimento.

A Parson cresceu para se tornar uma das startups com maior taxa de crescimento da época e foi classificada pela *Inc. Magazine* como a campeã em termos de sociedade de capital fechado com maior taxa de crescimento nos EUA. A cultura que desenvolvemos desempenhou um importante papel no nosso sucesso. Assim como na ARC, se perguntarmos aos funcionários que fizeram parte daquela experiência, eles dirão que jamais haviam passado por uma experiência parecida com aquela em suas vidas.

Ao conversar com Doug Zell, da Intelligentsia Coffee, ele dirá que apenas recentemente sua empresa começou a ter um foco consciente na cultura da empresa. Grande parte desta cultura sempre foi a paixão pelo produto e o comprometimento de preparar o melhor café possível. Assim como a Founders Brewing, a empresa de Zell se preocupa menos com o custo de fabricação do produto, pois ela está convencida de que com base na qualidade, haverá uma flexibilidade considerável ao fixar o seu preço. A cultura da Intellligentsia começou a mudar quando a empresa abriu sua primeira loja em Los Angeles. O sucesso desta loja resultou em duas coisas. Demonstrou a receita "absurda" que se pode conseguir de uma única loja. Em segundo lugar, quando, insatisfeito com a qualidade dos grãos que era possível comprar, a empresa começou a trilhar o caminho se abastecer de grãos diretamente dos produtores ao redor do mundo. Hoje em dia, o comprometimento com a qualidade ainda é o eixo central da cultura da Intelligentsia. Doug irá destacar que a *qualidade* é a melhor

A CULTURA IMPORTA

posição a ser defendida. Ele acredita que um foco na qualidade irá alimentar o contínuo crescimento e esta ênfase no crescimento está se tornando agora um elemento fundamental da cultura também. O desejo é construir uma empresa que cresça de modo que este crescimento possa criar oportunidades para as pessoas que lá trabalham. Há também uma paixão geral por garantir que tanto os fornecedores quanto os clientes se deem bem. Isto não é nada usual hoje em dia, já que muitas empresas tentam, de forma agressiva, levar as margens de seus fornecedores a níveis ínfimos e, em sua maioria, tratá-los como meros fornecedores e não como parceiros. Esta prática é totalmente estranha à Intelligentsia. Como exemplo do comprometimento com seus fornecedores, a Intelligentsia realiza um encontro anual em que os seus produtores-parceiros de todo o mundo podem se reunir para compartilharem as melhores práticas e trocarem ideias e experiências. De modo similar, parte do papel da equipe de vendas da Intelligentsia é fazer uma espécie de "advogado do diabo". A empresa quer que seus clientes se convençam que a Intelligentsia se preocupa realmente com o sucesso deles – pois, ela de fato se preocupa. Meu palpite é que este é um fator fundamental para o sucesso da empresa. Doug concordaria plenamente a este respeito. Ele acredita que a cultura irá ter estratégia como café da manhã e que um foco na qualidade e nos seus clientes irá permitir a ele perseverar e vencer os duros desafios encontrados ao longo do caminho.

PALAVRAS FINAIS

Hoje em dia a cultura importa mais do que nunca. Nos tempos atuais de rápidas mudanças, na sua própria empresa que evolui rapidamente, a cultura pode ser o timão que orienta o seu caminho para o empreendedorismo de segundo estágio de uma forma consistente com sua visão e valores.

À medida que você avança para o empreendedorismo de segundo estágio, é crítico examinar a cultura que existe em sua empresa hoje em dia e determinar quais aspectos apoiam o seu plano para o futuro e quais precisam ser modificados. Dê um passo atrás e trabalhe com a sua equipe para criar uma cultura consciente. Implemente e reforce os valores e princípios operacionais com comportamentos e diretrizes claros para manter a cultura saudável e florescente. Certifique-se de que seus incentivos e desincentivos apoiam a cultura e os comportamentos que você estima. Você descobrirá que uma cultura corporativa dinâmica será a pedra angular para a construção de sua empresa.

Capítulo 11

OS SEGREDOS PARA UMA LIDERANÇA EFICAZ

WARREN BENNIS, LEGENDÁRIO CONSULTOR ORGANIZACIONAL e pioneiro dos princípios da liderança moderna, é famoso por ter dito: "Liderança é a capacidade de traduzir uma visão em realidade". Levando esta afirmação um pouco mais além, podemos caracterizar a liderança como a qualidade que inspira as pessoas a fazerem o seu melhor todos os dias. Sem uma liderança eficaz qualquer organização irá caminhar aos trancos e barrancos e se perderá em uma floresta de agendas e prioridades conflitantes. Sem líderes inspirados, a missão, a visão, os valores e a direção de uma organização se tornarão difusas e o crescimento sofrerá com isso.

Quando uma empresa entra no segundo estágio de crescimento, a necessidade de uma liderança eficaz aumenta acentuadamente. O fundador não pode manter contato direto com cada pessoa todos os dias e, diferentemente dos primórdios da empresa, quando essencialmente toda a equipe era uma única "família", o tamanho crescente da organização torna bem mais difícil a interação entre as pessoas de uma maneira pessoal. Ao se acrescentar questões de localização geográfica e fusos horários, este contato pessoal não pode mais ser uma interação diária face a face. O fundador da empresa tem que se afastar e aprender a liderar e gerenciar de modo diferente daquele de outros tempos.

LIDERANÇA E GESTÃO

Tanto a liderança quanto a gestão são componentes igualmente necessárias para qualquer companhia de sucesso. Na melhor das situações, cada uma delas ajuda a melhorar a outra bem como a organização como um todo. Mas existem diferenças críticas e distintas que deve se ter em mente à medida que progredimos. A liderança concerne realmente ao cenário como um todo. Trata-se de criar uma visão para a organização, instilar um conjunto de valores por toda a cultura da organização que se transformam nos princípios orientadores, garantindo que todos se comprometam completamente com eles.

A disciplina da administração se concentra na produtividade, processos e sistemas. Uma vez estabelecidas a visão e as metas de uma empresa, a equipe de gestores é responsável pela coordenação dos mecanismos internos essenciais para se alcançar o sucesso. O principal propósito da administração é criar e sustentar sistemas repetíveis e até mesmo habituais que reduzam a variabilidade dos resultados. Se todos os sistemas estiverem em pleno funcionamento, uma gestão eficaz é essencial caso se queira que a companhia cresça.

Para tomarmos um exemplo de empresa que atingiu o segundo estágio de crescimento, consideremos o Novo Group, empresa com sede em Milwaukee que se concentra em uma abordagem muito mais eficaz no suporte ao recrutamento para seus clientes corporativos. Cindy Lu, fundadora da empresa, estabeleceu a visão para esta abordagem inovadora no recrutamento e seleção de pessoal. Ela se baseia na gestão efetiva e eficiente do processo de recrutamento feito pelo seu *staff* para seus clientes corporativos. O processo geral de recrutamento é subdividido em etapas discretas. Usando princípios de cadeia de suprimento, membros específicos de sua equipe realizam cada etapa do processo global. A atribuição de tarefas a serem realizadas se baseia no conjunto de aptidões e conhecimentos de cada membro da equipe.

Pelo fato deste método eficaz em termos de custos aplicado ao recrutamento ser bastante diferente da forma que a maioria das empresas trata esta função, o Novo Group depende do gerenciamento rígido de cada etapa do processo para garantir que seus clientes sejam bem atendidos e que o produto final seja fornecido de uma forma que atenda à proposta de valor geral.

Nos primórdios da Novo, com apenas uma sede, Cindy era capaz de administrar sua startup simplesmente percorrendo o escritório e mantendo contato direto com seus funcionários. Após o crescimento para o segundo estágio e a expansão para escritórios em quatro cidades diferentes, o processo de gestão diário e "mão na massa" adotado por

OS SEGREDOS PARA UMA LIDERANÇA EFICAZ

Cindy tinha que mudar. Então ela desenvolveu sua principal habilidade, passando da gestão para a liderança. Hoje ela possui gerentes em cada uma das filiais para supervisionar o processo enquanto ela orienta o propósito de manter evoluindo a visão da empresa.

Esta evolução natural de talentos é típica da maioria dos empreendedores de segundo estágio. À medida que suas startups crescem em tamanho e escopo, eles têm que aprender a liderar e a delegar a gestão diária para uma equipe sênior confiável. O processo de vendas é um exemplo perfeito. Conforme já visto, não é uma ideia prática o CEO gerenciar a equipe de vendas, especialmente quando ela se expandiu para uma organização maior atendendo um território maior. Os detalhes do processo de vendas definido e a miríade de intervenções diárias necessárias para orientar e progredir, resolver problemas e manter o pessoal de vendas no rumo certo e dentro do propósito estabelecido tomam muito tempo e são bastante complexos.

Em uma empresa que atingiu o segundo estágio de crescimento, seu fundador tem que se afastar da intervenção no dia a dia e assumir um papel de liderança. Ele tem que ter certeza de que todo mundo dentro da empresa saiba o que ela é, para onde está indo, como a empresa chegará lá e o papel que cada funcionário desempenha na concretização da visão da empresa. Trata-se de uma função de liderança vital para um crescimento novo e sustentado.

Eddie Lou, fundador e CEO da Shiftgig, tem uma perspectiva bastante evoluída sobre liderança, atípica para um CEO de uma empresa de tecnologia que ainda se encontra em seus estágios iniciais. Quem sabe seus dez anos de experiência no setor de investimento de capital de risco e o fato de participar dos conselhos de administração de companhias jovens o tenham ensinado sobre a importância de uma grande liderança. Primeiramente, um líder deve ser capaz de "pintar" uma visão – tanto interna quanto externamente à empresa. Entre aqueles que se encontram dentro da empresa temos sua diretoria e os demais funcionários. Entre os que se encontram fora temos os investidores, o mercado, a mídia e outros que acompanham a empresa. O estilo de liderança na Shiftgig é o de estabelecer métricas "atingíveis mas agressivas" e unir a equipe no sentido de atingir o maior número possível de metas difíceis. A liderança da Shiftgig tenta manter uma posição de equilíbrio entre dar maior poder aos empregados e, ao mesmo tempo, perseguir uma espécie de busca sem trégua de áreas com potencial para serem melhoradas dentro da empresa, além do produto e os planos para crescimento. A abordagem lembra aquela do "confiar desconfiando" e é bem apropriada para uma empresa que se encontra em um estágio inicial como este.

Embora não seja aconselhável para o CEO ou fundador da empresa também tentar ser o gerente de vendas em uma empresa que atingiu o segundo estágio de crescimento, isso não significa que a liderança eficaz não abranja técnicas de venda eficazes. Na verdade, vender é parte integrante da liderança, mesmo se a maioria dos CEOs não tenha recebido qualquer treinamento formal em vendas. Consideremos, por exemplo, o fato de que todo ano mais da metade dos universitários formados em todos os Estados Unidos acabam assumindo uma função de vendedor. Apesar deste fato, diz Howard Stevens, presidente da Chally, uma empresa de alcance mundial que entre outros serviços oferece treinamento e realiza avaliações de desempenho do pessoal de vendas de seus clientes, das mais de 4.000 escolas suas nos Estados Unidos, apenas uma dúzia delas oferece cursos de graduação em vendas ou gestão de vendas. Portanto, quantos CEOs de empresas que atingiram o segundo estágio de crescimento estão realmente capacitados em vendas? Não estou certo, mas sei que se você perguntar aos profissionais de vendas de cada uma dessas empresas, eles lhe dirão que o número real é bem menor do que o número de CEOs que pensam que são bons neste aspecto.

Eddie Lou, fundador e CEO da Shiftgig, acredita que é absolutamente essencial para todos os CEOs de empresas que atingiram o segundo estágio de crescimento ser capaz de vender eficazmente. Segundo a visão de Eddie, é necessário ter uma excelente capacitação em vendas para apresentar um discurso de vendas para possíveis investidores, para se comunicar com sua equipe técnica perguntando-lhe por que são necessárias certas características do produto, bem como para convencer eventuais contratados de receberem salários abaixo da média de mercado, fato este que seria recompensado através da dis-

OS SEGREDOS PARA UMA LIDERANÇA EFICAZ

tribuição de ações com base na teoria de que isso será muito melhor para eles no longo prazo. Além disso, obviamente, praticamente todo CEO de empresas que atingiram o segundo estágio de crescimento se veem constantemente diante de clientes atuais e futuros construindo relações e demonstrando conhecimento do setor, do mercado e de possíveis concorrentes de uma forma que apoie a estratégia e as atividades de vendas da própria equipe de vendas.

Conforme discutido anteriormente, todo mundo nasce com certas tendências comportamentais e traços de personalidade que irão determinar sua habilidade inata para vendas. Alguns dos traços necessários para realmente ser um bom vendedor simplesmente não podem ser ensinados. Mas assim como o treinamento em liderança, o treinamento em vendas irá elevar o seu nível básico de competência. Todo mundo, independentemente de sua personalidade básica pode, aos poucos, se tornar cada vez melhor em vendas. É verdade, talvez não precise ser o melhor vendedor da empresa mas desenvolver esta habilidade para que esta atinja um nível aceitável é muito importante. A maioria dos CEOs realiza vendas todos os dias. Caso não tenha sido treinado na ciência das vendas, ler sobre o assunto, realizar algum treinamento formal, aprender como ser mais eficaz nesta habilidade crítica renderá dividendos e ajudará a impulsionar o crescimento.

LIDERANÇA EM TODOS OS NÍVEIS

A liderança pode e realmente existe em todos os níveis de uma organização. O papel de liderança do fundador é manter a empresa progredindo e ficar de olho no panorama futuro. Porém, todos os funcionários, sejam eles gerentes ou funcionários dedicados a atividades específicas, podem assumir o papel de liderança. Para os gerentes, liderança significa um profundo entendimento de como suas equipes específicas contribuem para a organização e inspirar seus comandados a serem bem-sucedidos na tarefa de dar esta contribuição. Um vendedor ou um administrador interno lideram ao tomarem a iniciativa de desempenharem suas funções além daquilo que é esperado deles e ao servirem de modelo para outras pessoas fazerem o mesmo.

Por exemplo, em uma empresa de tecnologia, o desenvolvedor de um produto pode demonstrar atributos de liderança ao usar seu conhecimento das deficiências dos produtos existentes atualmente no mercado e construir e executar uma trajetória de desenvolvimento de produto que explore estas lacunas para criar um produto atraente. Ao agarrar esta oportunidade e trabalhar no sentido de conduzir a equipe para o sucesso, um único desenvolvedor pode ser uma força para instigar mudança e um líder dentro da companhia.

LIERANÇA "DE CIMA PARA BAIXO"

Ter líderes espalhados por toda a empresa ajuda o esforço geral de impulsionar o segundo estágio de crescimento. Entretanto, isso não diminui a necessidade de se ter uma liderança eficaz no alto escalão. Os líderes eficazes possuem uma forte tendência para a ação. Tomar atitudes construtivas e bem planejadas e consistentes com a visão e as metas da organização serve como fonte de inspiração e modelo para os demais líderes dentro da empresa. Liderar com firmeza e, ao mesmo tempo, ser aberto a sugestões e pronto para reagir a mudanças torna um líder forte.

Credibilidade e confiança são críticos quando se trata do papel de líder. Os líderes inspiram as pessoas a fazerem o seu máximo ou mais. Líderes que não respaldam suas afirmações com ações descobrirão que suas organizações perderão a confiança em sua liderança e irão titubear. A credibilidade deles na visão dos funcionários será afetada negativamente. Indecisão, equívocos e retardo concernentes a iniciativas sérias da empresa minam o ímpeto necessário para o crescimento.

Por exemplo, fiz um trabalho de consultoria para uma empresa localizada no meio-oeste americano e que era apoiada por uma *private equity*. A empresa era do setor publicitário. De modo a turbinar o crescimento, o conselho de administração decidiu contratar um novo CEO visando mudar o modelo de negócios desta tradicional compa-

OS SEGREDOS PARA UMA LIDERANÇA EFICAZ

nhia, passando para um que desse maior ênfase às mídias sociais e à tecnologia. Na primeira semana, chegou o CEO e este fez um discurso inspirador sobre a grande oportunidade que se encontrava diante da empresa, a necessidade de mudar o modelo de negócios bem como de todo mundo trabalhar junto para atender à nova visão usando os recursos existentes já que o dinheiro estava curto. Esta parte de sua primeira semana foi brilhante.

Entretanto, passada a primeira semana após a sua chegada na empresa, ele decidiu que a sala do ex-CEO não era suficientemente grande e que a mobília não era boa o bastante. Em vez disso, ele se apoderou da sala do conselho e comprou novos móveis a um preço bem salgado. Além disso, e quem sabe a pior coisa, ele instruiu que o pagamento pela nova mobília fosse dividido em várias parcelas, pois isso pegaria melhor do que um cheque de alto valor. Em sua nova posição de liderança, ele teria que viajar para se encontrar com clientes e visitar as filiais. Contrariamente à sua política declarada de redução de custos, ele viajava de primeira classe mesmo sendo um voo de menos de uma hora. Não é de se admirar que, já no seu primeiro mês, todo mundo na empresa estava ciente que ele não havia seguido os mesmos padrões impostos aos demais. Esperava-se que os funcionários trabalhassem mais para cumprirem a nova visão da empresa sem salários ou recursos adicionais enquanto o seu líder torrava dinheiro consigo próprio e isto gerou um cinismo geral, moral baixo e o desempenho foi afetado significativamente. Este CEO em particular não durou nem um ano na função e o conselho não teve alternativa a não ser despedi-lo. Trata-se de um exemplo extremo, mas todos nós já vimos versões menos graves sobre o mesmo padrão de liderança. Se o CEO espera que sua equipe dê duro, ele mesmo deve demonstrá-lo. Se o dinheiro está curto, assim deve ser para todo mundo sem exceção. Se tratar todos com dignidade e respeito for um valor fundamental, este deve ser um comportamento ao qual todos aderem, inclusive a diretoria. Os funcionários tendem a observar bastante e, geralmente, são bastante espertos e eles prestarão atenção no longo prazo não naquilo que seus líderes dizem, mas sim no que os líderes fazem.

FAZENDO UM BALANÇO DA SITUAÇÃO

Colocar a visão em prática requer pensar de modo um pouco diferente sobre liderança. Fundamentalmente, isso requer a habilidade de examinar uma situação com total objetividade para depois ser capaz de discernir o que é necessário para o sucesso baseado em observação cuidadosa e perspicaz. Um líder eficaz entende as lacunas entre o estado atual da organização e a meta futura e o que será preciso para diminuir esta lacuna e poder progredir.

A liderança eficaz requer uma reavaliação praticamente constante da organização e de seus objetivos e recursos. Há uma série de questões que eu acredito que estimule esta reavaliação caso elas sejam respondidas objetivamente:

1. Quais são os valores e os comportamentos que nós defendemos e quais são as lacunas entre esses valores e a forma como nos comportamos como empresa hoje em dia?
2. Estamos preparados para fazer as mudanças necessárias para atingir o sucesso?
3. O que temos em termos de talento e o que precisamos para atender o mercado atual?
4. Possuímos capital e capacidade organizacional para capitalizar as oportunidades e mitigar os riscos?

Tudo isso parece ser um exercício simples. Muitos destes pontos foram discutidos anteriormente. Contudo, para o líder de uma start-up bem-sucedida, este processo pode ser desafiador. O sucesso inicial pode ser enganoso e pode provocar complacência, mesmo numa investida para o segundo estágio de desenvolvimento. A ausência de sucesso pode causar frustração e obstinação além de, certas vezes, bloquear a capacidade de se desenvolver ideias. A total objetividade é difícil quando você foi aquele que montou a equipe que está liderando. Sistemas que se mostraram eficientes são difíceis de serem mudados. Erros podem ser enganosamente atribuídos a fatores externos em vez

OS SEGREDOS PARA UMA LIDERANÇA EFICAZ

de serem atribuídos à própria organização. Em uma frase famosa de Jack Welsh, ele disse: "Encare a realidade como ela é, e não como ela foi ou você deseja que seja". Líderes eficazes permanecem atentos e devem enxergar além das distrações do presente para manter suas organizações focadas na meta de crescimento novo e maior lucratividade. Eu o encorajaria a fazer as perguntas acima com certa frequência, pois em empresas que atingiram o segundo estágio de crescimento as coisas podem mudar rapidamente. Eu também o encorajaria a buscar evidências que comprovem cada uma de suas respostas. Na realidade, busque exemplos e dados que façam com que você responda a estas perguntas com base em fatos. Também sugiro que você faça essas mesmas perguntas ao seu conselho e funcionários, embora talvez não redigidas da mesma forma. As respostas poderão surpreendê-lo.

Talvez Andy Grove, ex-presidente e CEO da Intel, tenha captado este conceito melhor ao dizer: "Apenas os paranoicos sobrevivem". Mesmo assim seu comentário é bem aceito. Jamais se deve ser complacente ou demasiadamente confiante, já que certo nível de ceticismo profissional associado a um desejo incessante de sempre melhorar pode ajudar o líder de uma empresa que atingiu o segundo estágio de crescimento.

QUALIDADES DE UMA LIDERANÇA FIRME

Como um líder pode se precaver contra esses obstáculos à liderança? Após anos de trabalho com líderes de todos os níveis, de empresas grandes e pequenas, cheguei a alguns conceitos que podem fazer uma grande diferença ao se buscar a excelência em liderança. Há um grande número de livros e artigos sobre este importante tópico e recomendo a todos que os leiam.

TENHA UM EGO SÃO

Certamente ninguém chega a uma posição de liderança sem um ego forte. Autoconfiança é um componente-chave da liderança. Mas ser capaz de manter um equilíbrio entre ego e abertura para ouvir ideias é a marca do verdadeiro líder. Os verdadeiros líderes entendem seus pontos fortes e estão conscientes de seus pontos fracos e "pontos-cegos" além de serem capazes de passar sobre eles.

Quando os líderes possuem um ego são, isso significa que eles têm um senso equilibrado de sua própria importância e de seus próprios pontos fortes e fracos. Mais do que qualquer fraqueza de personalidade ou erro gerencial, a falta de um ego saudável em um líder tende a arruinar até o mais bem elaborado plano para crescimento futuro de uma empresa. Bravatas, intimidação e rigidez de foco irão alienar as pessoas e inspirarão medo, não respeito. Abordagens débeis e conflitantes para desafios difíceis como o desligamento de funcionários, restrição orçamentária ou negociações de contatos criam confusão e indecisão. A capacidade de delegar autoridade, a abertura a mudanças, propensão a admitir erros e a elogiar o alto desempenho de terceiros e, acima de tudo, consistência nas decisões sobre políticas são as marcas de um ego equilibrado e são em um líder. Uma das principais características de líderes eficazes é sua capacidade de aprender a partir dos próprios erros. Por exemplo, em meados de 2011 a Netflix cometeu um erro crasso ao fazer uma mudança de preço mal concebida e mal anunciada para os seus serviços de *streaming* e DVDs enviados pelo correio. Após uma revolta por parte dos clientes e consequente queda do preço das ações da companhia, Reed Hasting, seu CEO e cofundador, se desculpou e, sobretudo, implementou uma ação corretiva. No início de 2013 a Netflix apresentou o seu maior crescimento trimestral estimulado por novos assinantes de seus serviços de *streaming* em aproximadamente três anos – e o preço de suas ações subiu 35% em um único dia.

MANTENHA UM EQUILÍBRIO ENTRE POPULARIADE E EFICÁCIA

Embora popularidade não faça parte da descrição do cargo, ela pode ser um fator significativo na liderança eficaz. Líderes que são odiados e temidos por todos não podem ter esperança de motivar a própria organização. Muito provavelmente, as melhores pessoas sairão da empresa. O segundo estágio de crescimento em particular requer um es-

OS SEGREDOS PARA UMA LIDERANÇA EFICAZ

forço adicional e a tomada de iniciativas muito acima do ciclo de trabalho usual. Este tipo de comprometimento exige uma liderança que dê apoio e permita uma aproximação por parte dos comandados. Isso não significa que seus colegas devam ser os seus melhores amigos. Longe disso. Mas para que os líderes sejam eficazes é importante projetar e promover uma cultura de colegialidade para ter certeza de que o trabalho será feito.

A liderança eficaz requer a habilidade de não temer por ser cândido com a sua equipe. Certas vezes a mensagem é negativa e exige ações que podem ser não muito agradáveis como corte em orçamento, encerrar um projeto de desenvolvimento importante ou mandar gente embora. É crítica a habilidade de transmitir uma mensagem difícil, em ter certeza de que ela foi ouvida e que ainda exista respeito por parte da equipe e uma reputação de gerente equilibrado e razoável. Líderes eficazes precisam saber se expressar diante de seu pessoal, sejam elas boas ou más notícias, dentro de um contexto positivo e construtivo. Elogie publicamente desempenhos acima do normal. Compartilhe novas sobre o sucesso da companhia. Ao criar uma *persona* de líder solidário e compreensivo, você será capaz de ganhar mais facilmente a aceitação de quaisquer desafios por parte de seus subordinados.

Esta abordagem equilibrada pode ser algo difícil para muitos empreendedores de segundo estágio. Por natureza eles são agressivos e altamente motivados, focados no objetivo do sucesso. Tolerância não é o forte deles. Eles apresentam uma tendência de acreditar que sempre estão certos. Muitos historicamente agiram baseados no princípio "vamos nessa ou então cai fora" e sua crença é de que este tipo de atitude e abordagem os ajudou imensamente em torná-los bem-sucedidos. Raramente eles se satisfazem, mesmo quando é evidente o grande sucesso alcançado. Existem alguns aspectos positivos em relação a este tipo de personalidade; porém, à medida que o negócio for crescendo, esta atitude e abordagem totalitárias podem ter repercussões extremamente significativas. Os fundadores de empresa precisam aprender a apreciar o trabalho árduo das outras pessoas e aceitar o papel delas como líderes tanto da mudança por vir como os aplausos que eles recebem por cada gol marcado.

REAGIR A MUDANÇAS

A maior parte dos gráficos referentes a receitas não são gráficos que sobem direto, nem são as jornadas das empresas conduzidas em linha reta. Alguns planos, produtos e estratégias funcionam bem e outros não. Outros funcionam bem por um certo tempo e depois as coisas mudam e a prática passada, por algum motivo, não é mais eficaz. É crítico para um líder se distanciar um pouco em intervalos regulares para avaliar o progresso alcançado em relação ao planejado e modificar o plano caso necessário.

Líderes eficazes sempre estão em busca de novas maneiras de tornar seus planos mais relevantes e atualizados, tornar seus produtos e serviços mais atraentes e suas organizações melhores como um todo.

A maioria das empresas que atingiu o segundo estágio de crescimento não possui recursos para contratar consultores em gestão capazes de fornecer-lhes conjuntos de dados do mercado e inteligência concorrencial para respaldar decisões e sugerir em que caso uma mudança de plano seria oportuna. Em vez disso, os líderes dessas empresas precisam aprender a tomar decisões mesmo sem dados e fatos concretos suficientes para se ter quase certeza da escolha feita. Os empreendedores de segundo estágio têm que encontrar métodos alternativos para se manter a par das condições de mercado em constante mudança e dos diversos graus de eficácia na execução do plano da empresa.

Anos atrás, tive um membro do conselho de administração que me contou a seguinte história: "O primeiro lance de escadas é um fato indiscutível. O segundo lance da mesma escada é desagradável, mas consigo entender como isso acontece. Contudo, acho que o terceiro lance desta mesma escada é imperdoável". Dado que esta história me foi contada como resultado de alguns erros que cometi, esta acabou se tornando uma história da qual me lembro até hoje dada à sua ênfase na necessidade de se aprender a partir de nossos próprios erros.

Ao longo das duas últimas décadas tem havido um grande nível de conscientização por parte de líderes abalizados sobre o tema "mudanças de paradigmas" e "disrupção" que tem ocorrido em produtos, serviços e modelos de negócios. Líderes de todos os setores se torna-

OS SEGREDOS PARA UMA LIDERANÇA EFICAZ

ram cientes da necessidade de mudar, modificar ou de alguma maneira transformar a forma deles fazerem negócios em reação a mudanças fundamentais nas regras do jogo em modelos financeiros, estilos de gestão e sociedade tradicionais. Hoje em dia, especialmente em empresas de tecnologia, o termo "mudanças de paradigmas" tem sido substituído por "pontos-chave".

Certas inovações e tendências – sejam elas tecnológicas, sociais, econômicas ou políticas – podem afetar significativamente o ambiente empresarial. Não precisamos ir muito longe para ver o naufrágio do que outrora foram grandes empresas cujos modelos de negócios estavam completamente perturbados como consequência de alguma mudança tecnológica ou uma nova legislação. Indubitavelmente, há um número bem maior de empresas menores que foram afetadas por estas mesmas mudanças, mas simplesmente não ouvimos falar tanto delas devido ao seu tamanho. Líderes eficazes, sempre focados no mundo maior fora de suas organizações, reconhecem estes pontos-chave e reagem para atender novos desafios (e oportunidades) que eles criam. Os líderes empreendedores de segundo estágio precisam ser ágeis e alavancar os pontos-chave que têm repercussão nas suas empresas de modo a poderem aproveitar a maré rumo ao crescimento.

Uma série de empresas sobre as quais discutimos ao longo deste livro passou por um período em que se deram conta de que elas poderiam mudar um produto e abordagem ao mercado por elas adotadas ou conquistar um mercado maior caso apenas mudassem algumas coisas ou se organizassem de alguma outra forma. Em alguns casos, uma série de coisas tinha de mudar.

A Founders Brewing passou por esta "grande revelação" seis anos atrás quando Dave Engbers e Mike Stevens escaparam da bancarrota, se mudaram para novas instalações, mudaram toda a linha de produtos passando da elaboração de uma cerveja "com nada de especial" para uma cerveja excepcional. Esta mudança impulsionou a empresa que veio a se tornar a microcervejaria com o crescimento mais rápido do mundo. Bob Sanders da AXIOM SFD reconhece que a maneira tradicional de treinar seus vendedores estava ultrapassada. Ele retornou à companhia onde outrora havia sido sócio e embarcou em um grande projeto para mudança na forma como era feito o treinamento em vendes. Ele saiu e levantou o capital necessário para promover esta mudança. Gene Zaino, da MBO Partners, reconhece que focado no fornecimento de um método "pronto para ser usado" para suporte a fornecedores independentes no crescimento e na administração de seus negócios que estavam funcionando bem, havia uma potencial oportunidade lucrativa para construir uma linha inteiramente nova de negócio, ao estabelecer um esforço concentrado em grandes empresas que empregavam um número significativo de fornecedores independentes. Ele contratou um executivo para criar e executar o plano para construir este negócio. Prestar atenção nos pontos-chave pode ser gratificante.

ESTEJA PRESENTE E VISÍVEL

O empreendedorismo de segundo estágio pode ser desgastante. Enquanto muda a sua empresa, sai em busca de capital, contrata pessoal e foca no crescimento, você também está transformando vários aspectos de seu papel como fundador "mão na massa". À medida que a empresa se expande, surgem novas exigências em relação ao seu tempo. Reuniões com os membros do conselho de administração. Reuniões com gerentes que trabalham em outras unidades. Reuniões com clientes, fornecedores, investidores. A atenção dedicada a estes vários grupos é crítica caso queira liderar de maneira eficaz.

Contudo, é fácil se distrair. A tecnologia celular não dá trégua. Somos bombardeados por mensagens, *e-mails* e SMS todo o tempo e muitas vezes interrompemos o que estamos fazendo com a familiar frase: "Você pode me conceder um minuto. Preciso realmente atender esta ligação". Isso não apenas interrompe sua concentração na reunião ou questão em pauta, como também pode ser uma falta de respeito com a pessoa a qual estão sendo concedidos apenas alguns preciosos momentos de seu tempo. Quase tão ruim é a tendência de responder a *e-mails* ou mensagens de texto enquanto supostamente você está reunido com alguém.

Uma outra distração é a percepção de seu papel como líder e não como gestor. Desde o momento em que você abriu sua empresa, você

OS SEGREDOS PARA UMA LIDERANÇA EFICAZ

teve que atuar em várias funções: gestor, criador, vendedor, contador, homem de marketing, até mesmo separador de correspondências. Nos primórdios da Founders Brewing, por exemplo, Mike e Dave faziam de tudo inclusive gerenciar o bar, produzir a cerveja, fazer pedidos e telefonemas de vendas. É difícil simplesmente desativar o impulso de ser "mão na massa" quando você vê algo que precisa ser feito ou corrigido. No passado, você mesmo iria reservar o seu tempo para fazer a coisa ou direcionar alguém para cuidar do problema se você tivesse funcionários. Entretanto, na condição de líder de uma empresa que atingiu o segundo estágio de crescimento, você não tem mais tempo para doar; portanto, é importante resistir ao impulso de preservar comportamentos antigos e de você mesmo fazer as coisas em vez de deixar algum dos gerentes realizar o trabalho e resolver o problema.

Como líder empresarial, você precisa se precaver contra a distração. Embora os gurus da gestão de tempo aclamem a multitarefa como o uso mais eficiente do tempo, isso não é válido para os líderes em cargos mais altos. As pessoas têm a expectativa e precisam que você esteja focado na reunião ou conversa para a qual reservou o seu tempo. Atender telefonemas, responder mensagens e se preocupar com detalhes menores diluem sua capacidade de dedicar total atenção, de fazer comentários pertinentes, de *estar* de fato *presente*.

Este simples princípio aplica-se aos líderes, independentemente do tamanho e do estágio em que se encontra a sua empresa. Há um CEO que eu conheço bem que administra uma empresa global de US$ 10 bilhões. Você não conseguirá muito do tempo dele, mas ao conseguir, ele estará totalmente focado na discussão por todo o tempo que estiver com ele. Ele terá lido e digerido quaisquer materiais que você tenha enviado a ele com antecedência e estará preparado para discutir detalhadamente o tópico ao encontrá-lo. Ironicamente, em várias empresas menores, é bem menos provável que o CEO demonstrará este tipo de foco. Os empreendedores de segundo estágio têm uma tendência particular à distração.

Como corolário desta ideia, os líderes eficazes têm que estar visíveis para o seu *staff*. Não cometa o erro de ficar enfurnado em sua sala e reunir-se apenas com os diretores. Isso causa a impressão de que as pessoas não podem se aproximar de você e a perda da conexão que outrora você teve com as pessoas que trabalham para você. É importante reservar tempo para fazer visitas aos departamentos, dar uma volta pela empresa toda, visitar filiais alternadamente, estar *fisicamente presente*. Da mesma forma que é importante para os clientes conhecer a identidade de sua empresa, é igualmente importante para os funcionários verem que você está por perto e saber quem você é. Esta é uma outra parte do *estar presente*.

CONHEÇA OS SEUS LIMITES

Em uma empresa em rápido crescimento, compreender seu próprio nível de competência como líder não é simples. No início todo mundo lhe procurava em busca de respostas. Algumas vezes você as tinha, outras você improvisava com consequências variáveis. Entretanto, na condição de empreendedor de segundo estágio, você tem mais em jogo. Passos em falso impedem o crescimento. Embora não esteja sugerindo que você deixe de lado a intuição, as decisões geralmente devem se basear em dados e planejamento. Como líder, é preciso confiar em uma equipe forte que você mesmo montou que lhe fornecerá informações para preencher as lacunas de seu próprio conhecimento.

Conheça os próprios limites, reconheça-os e busque ajuda sempre que preciso de modo a poder liderar com eficácia. Fazer perguntas não custa nada. Tomar decisões sem ter o necessário respaldo de dados e informações, ou então decisões orientadas pelo ego, em geral podem sair caro.

PALAVRAS FINAIS

A liderança eficaz se torna cada vez mais importante à medida que a empresa avança para o segundo estágio de crescimento. Como fundador da empresa, você não pode mais ficar acompanhando tudo que é necessário para executar o seu plano e você é forçado a confiar em sua equipe. As habilidades gerenciais ainda importam, mas a liderança se

OS SEGREDOS PARA UMA LIDERANÇA EFICAZ

torna mais importante, Você precisa que as coisas sejam feitas através de terceiros. Ter a presença e competência de líder ajuda toda a sua empresa a se engajar na visão e cultura de sua organização.

A boa liderança é uma daquelas competências que todos nós podemos aperfeiçoar. Há, sem dúvida nenhuma, algumas qualidades inatas que os líderes possuem, mas todos nós podemos aprender grande parte do que é preciso para ser eficaz. Melhores líderes, da mesma forma que eles sempre questionam e desafiam o plano da empresa, constantemente buscam compreender como eles estão se dando como líderes e como eles podem melhorar. Tornar-se um líder melhor irá ajudá-lo a ter um profundo impacto nos resultados gerais da empresa e irá inspirar a sua equipe a realizar o melhor trabalho possível todos os dias.

Apêndice

ESTRATÉGIA DE SAÍDA: SEGUINDO O SEU PRÓPRIO CAMINHO

ALGUNS ANÓS ATRÁS, NA ÉPOCA EM QUE DIRIGIA O PARSON GROUP, um dos diretores externos, talentoso executivo e um verdadeiro *gentleman* de nome Don Perkins, falou comigo sobre suas opiniões sobre o tema sucessão do CEO, que no mundo corporativo é, sob vários aspectos, equivalente a uma estratégia de saída.

Perkins sentia que em algum momento – que ele definiu por volta de dez anos – praticamente todo CEO seria mais útil à organização que estivesse dirigindo, decidindo por "seguir o seu próprio caminho". Acredito que na época eu já dirigia o Parson Group há seis anos. Engraçado, depois de ouvir as palavras de Don, me perguntei: "Acabo de entrar nesta empresa". Além do mais, ainda me encontrava na casa dos 40 anos.

Embora este conceito de "dez anos" possa parecer um período muito breve para alguns e muito longo para outros, você concordará com o ponto de vista dele ao se dar conta que Don tinha uma perspectiva e história muito interessantes que o ajudaram a chegar a este ponto de vista único.

Don havia saído da Harvard Business School diretamente para a Jewel Foods, que na época era uma rede de mercearias de porte médio com sede em Chicago. Don ascendeu rapidamente na Jewel e se tornou CEO aos 45 anos de idade. Com 55 anos, depois de atuar como CEO por dez anos, período durante o qual a Jewel experimentou um crescimento fantástico, ele deixou praticamente todos chocados dentro da organização ao "se aposentar".

Diferentemente de Don, que via sua saída como parte do processo natural de seu ciclo de liderança, muitos CEOs viam sua saída como uma espécie de falha e postergavam o inevitável muito além do ponto quando a liderança deles já não era mais a melhor coisa para suas empresas.

Uma característica de uma estratégia de saída generosa é lembrar--se que não se trata apenas de você. Embora todos nós queiramos chegar ao topo e ainda gostemos de fazer aquilo que mais amamos, também temos que considerar o que nós deixamos para trás e aqueles que permanecerão depois que formos embora. Portanto, parte integrante do processo de seguir o seu próprio caminho é olhar para trás, refletir sobre por onde você passou e de que maneira seguir o seu caminho, de modo que, na medida do possível, seja uma situação onde todos os envolvidos saiam ganhando.

A teoria é que em algum momento praticamente todos nós perdemos a capacidade de sermos apaixonados, comprometidos e objetivos como éramos quando iniciamos nosso mandato como líder da empresa. A maior parte dos executivos lhe dirá que isso é verdade no mundo corporativo e foi o que eu presenciei em um grande número de startups menores bem-sucedidas que cresceram bastante. Empreendedores que trabalharam arduamente para construir suas empresas e atingiram sua marca de riqueza e sucesso em geral retiram a sua parte em dinheiro e partem para iniciar outros negócios que interessem a eles.

De acordo com o Exit Planning Institute, mais de 50% dos proprietários de sociedades de capital fechado dizem que a expectativa deles é de ter uma mudança na propriedade em um prazo de 15 anos. Como resultado disso, estes donos de empresa têm a expectativa de gerarem US$ 10 trilhões em liquidez pessoal ao longo do mesmo período através da venda de suas empresas. A pesquisa também sugere que pouquíssimos realmente planejam uma saída, situação que este instituto está tentando remediar.

Planejar a estratégia de saída da empresa que você iniciou e conseguiu que fosse bem-sucedida é algo complexo e que envolve aspectos emocionais. Cada empresa e seu respectivo fundador possuem uma série de razões próprias que resultam na decisão de sair. Como regra geral, fundadores de empresa que possuem o controle majoritário da empresa não buscam sair dela a menos que haja algum evento significativo que desencadeie esta situação. Esses eventos poderiam ser idade, planejamento de espólio, motivos de saúde ou um desejo de se mudar. Se o fundador de uma empresa investir capital visando uma estratégia de segundo estágio de crescimento, em geral haverá algum termo dentro do acordo financeiro que irá designar algum tipo de cronograma ou condição. Os investidores, particularmente os investidores *private equity*, visam às empresas com a ideia de que elas serão vendidas quando as condições de mercado forem ótimas.

Independentemente dos arranjos financeiros de sua empresa, convém já ter algum tipo de estratégia de saída preparada, mesmo que ainda faltem vários anos para a ocorrência do fato.

SAIA ENQUANTO VOCÊ SE ENCONTRA EM UMA BOA POSIÇÃO

Acredito que você irá concordar que o melhor momento para sair de uma empresa ou de passar o comando para seu sucessor é quando a empresa tiver um histórico de crescimento consistente tanto em termos de receitas quanto de lucros e que você tem credibilidade para dizer que muito provavelmente o crescimento continuará – mesmo que a liderança mude no futuro. No caso de venda da empresa, quanto menos drama, ressentimento ou transtornos acompanharem o seu plano de deixar a empresa, isto irá refletir de forma mais positiva sobre qualquer possível venda. Em muitos casos, o comprador da empresa interpretará o fato de o fundador da empresa estar seguindo o seu caminho como um sinal positivo da futura transição. Mesmo firmas *private equity* que não desejam dirigir de fato a empresa, comumente querem nomear um outro CEO ou até mesmo uma nova diretoria para dirigir a empresa depois de fechada a transação.

Contudo, nem sempre é viável sair da empresa quando esta ainda se encontra em seu auge. Apesar de seus esforços em levar a companhia adiante, se existirem graves problemas com a companhia e que qualquer eventual comprador possa perceber, como receitas estáveis ou em declínio, concentração de clientes, disputas jurídicas ou problemas de lucratividade, o comprador se encontrará em condições de conseguir descontos significativos sobre o preço da companhia devido a esses pontos fracos. A decisão de sair da empresa nessas circunstâncias se torna mais complicada.

INICIANDO O PROCESSO DE PLANEJAMENTO

A questão concernente à sua estratégia de saída não envolve limites de tempo ou metas de prosperidade artificiais. Ela é simples e objetiva: qual é o momento justo para *você*? Embora esta decisão seja única de cada fundador de empresa, existem algumas questões genéricas que fazem parte do planejamento de uma estratégia de saída. Abaixo você encontrará uma lista de perguntas que você deveria fazer para ajudá-lo a se orientar em sua decisão sobre o momento de vender sua empresa ou de transferir a função para o seu sucessor. Você poderia fazer as seguintes perguntas para começar a pensar na estruturação de sua própria estratégia de saída:

- Quais eram os seus objetivos originais na formação da empresa? Você os atingiu para a sua própria satisfação?
- As mudanças no mercado apresentaram desafios que você não estaria disposto a atacar neste estágio?
- As questões legais concernentes à empresa também impactam a família e irmãos?
- Como o seu estilo de vida irá mudar caso você saia da empresa?
- Você tem planos para iniciar outros projetos ou empresas depois de sua saída?
- Como a sua saída irá afetar seus colegas e funcionários?
- Como isso irá afetar o futuro da empresa?
- Quanto é a sua participação na empresa e como você irá se beneficiar da sua saída?
- Como uma estratégia de saída seria afetada pelo seu arranjo com credores e/ou investidores?

Obviamente, não existem respostas certas para qualquer uma dessas perguntas, apenas respostas que são certas para você e a sua empresa.

ENGAJAMENTO NO ESTÁGIO FINAL

Ao avaliar o desempenho de um membro da equipe, um dos pontos críticos é se ele está trabalhando com desempenho máximo, dedicando 100% à empresa. Caso aplique este critério a si próprio como CEO da empresa, qual é o seu próprio desempenho? Como líder da organização, se você não estiver a pleno vapor (e sempre nesta condição) sua equipe perceberá isso e os funcionários começarão a questionar tanto o futuro da organização como o seu próprio. É provável que se seu pessoal notar sua falta de engajamento, outros fora da empresa também perceberão isso. Lembre-se, não se trata apenas de considerar a si próprio, mas também a saúde da organização sob seu comando bem como sua possível venda para terceiros que são tão sagazes quanto você.

É difícil imaginar que o fundador de uma empresa alguma vez tenha um comprometimento menor do que 100%. Afinal de contas, tipicamente os fundadores possuem o controle majoritário da empresa e é provável que a maior parte de seu patrimônio líquido esteja amarrado no valor da empresa. Mas isso é muito mais comum do que você imagina, especialmente em empresas familiares de várias gerações e empresas que estejam gerando um fluxo de caixa substancial. A probabilidade de isso acontecer é significativamente menor em uma empresa que atingiu o segundo estágio de crescimento, já que executar o plano para impulsionar um rápido crescimento é algo ardente e tende a estimular a equipe inteira.

Devido ao seu papel de liderança, outros observam com cuidado praticamente tudo o que você faz. Pequenas coisas que eventualmente não são feitas, jamais passam despercebidas e tudo o que é feito é amplificado devido ao cargo por você ocupado. Se você não estiver 100% mentalmente no jogo, sua empresa saberá disso e se você tiver alterado fisicamente a sua rotina, não cumprindo as horas normais nem aparecendo nas reuniões matinais, você está dando um sinal maior do que imagina.

Nos negócios, assim como nos esportes e na vida em geral, a diferença entre resultados diversos – a diferença entre vencer e não vencer

– geralmente se deve a ações muito pequenas e, em alguns casos, aparentemente coisas pequenas não importantes. Por exemplo, a diferença entre o jogador de golfe número um do mundo e o pior jogador no *PGA tour*[56] normalmente é menor do que três tacadas por partida em relação ao curso de uma temporada. Estas "microquestões" acontecem ou não durante a vida da empresa – ou na busca de uma dada venda – da mesma forma que acontece ou não como parte do processo de vendas.

Da mesma forma que um jogo-chave entre dois oponentes igualmente capazes é ganho ou perdido devido a algumas jogadas-chave ou um passe bem feito ou não, as empresas prosperam devido a um comprometimento em apresentar o melhor desempenho possível todo santo dia. Este comprometimento flui desde o alto escalão e irá durar desde que você ajude-o a florescer por toda a empresa. Todos nós estivemos lá. A exaustão pode ser um problema maior no alto escalão do que em qualquer outro nível e devido à nossa posição de executivo, nós sentimos não apenas que temos justificativa para tirar uma folga – mesmo que ela seja apenas "mental" – mas que talvez ninguém perceba e, se perceberem, ninguém deve reclamar. É por isso que sair "por cima" é um fator tão crítico assim; qualquer coisa a menos coloca a empresa em risco de lidar com uma transição árdua para o próximo CEO ou, pior ainda, com uma "liquidação total" que não irá maximizar nem de perto o valor da empresa caso tivesse saído enquanto se encontrava no auge.

E se não está mais dentro de si estar 100% comprometido todos os dias, particularmente quando todos os demais na organização estão, talvez fosse o momento de considerar sua estratégia de saída. Apesar desta falta de comprometimento, vi vários fundadores de empresa retardarem sua saída por não conseguirem alcançar o valor que de alguma forma eles imaginam ser correto baseados no desempenho atual da empresa. Portanto eles adiam a saída, pensando que mais um ano, ou talvez dois mais, serão suficientes para fundamentalmente mudar o histórico de desempenho que a empresa está apresentando. Isso é pos-

---

[56] Entidade e principal circuito norte-americano de golfe profissional. (N.T.)

ESTRATÉGIA DE SAÍDA: SEGUINDO O SEU PRÓPRIO CAMINHO

sível, mas é mais provável que baseado no nível de comprometimento, o desempenho da empresa não melhore, podendo até mesmo piorar.

A SÍNDROME DA ASSINCRONIA

Quando os CEOs ficam por tempo demasiado ou permanecem depois de sua "data de validade", o desempenho é uma das primeiras coisas a sofrer, simplesmente porque, dia a dia, a falta de entusiasmo do CEO e um comprometimento dele abaixo de 100% acabam se infiltrando por todo o restante da organização até que finalmente todo mundo pareça estacionado ou, pior ainda, retrocedendo ligeiramente. Sob certos aspectos é a mesma questão apresentada no Capítulo 1 que sugere que se você não estiver crescendo, está morrendo. É muito difícil para um CEO ficar em cima do muro ou marcando passo e, ao mesmo tempo, manter seus funcionários motivados. Trata-se de uma estratégia que fracassa repetidamente.

A questão de desempenho é um tanto capciosa para muitos CEOs, já que normalmente é muito difícil tentar sair de uma empresa (ou particularmente vendê-la) quando as coisas *não* estão indo tão bem. Por outro lado, se a empresa estiver com um rendimento abaixo das empresas do seu setor, então é preciso ter um plano para mais uma vez melhorar as perspectivas de crescimento em termos de receitas e lucros. Se uma empresa estiver perdendo terreno para a concorrência, trata-se então de uma questão muito séria.

O importante a ser lembrado ao discutir-se desempenho, particularmente o seu próprio, é ter uma mente aberta. Você foi tão longe com a empresa e para sair de forma graciosa você precisará examinar objetivamente a si mesmo e determinar se ainda tem, ou não, mais lenha para queimar ou se é chegado o momento de cair fora e deixar que outro assuma o comando.

Um bom conselho de administração pode desempenhar um papel fundamental neste momento. Diferentemente da diretoria e do CEO, que tendem a ser totalmente engajados nas atividades do dia a dia e absorvidos no modo "assíncrono" sobre o qual falei anteriormente, um conselho de administração ou um de seus membros pode oferecer uma informação objetiva para você tomar sua decisão de possivelmente deixar a companhia.

A VISÃO EXTERNA

Você deve olhar não apenas para dentro da empresa, mas também para fora dela em busca de indícios de que é chegado o momento de deixar a empresa. Chega um momento em que eventos externos podem conspirar para sugerir que uma troca da guarda é um caminho recomendado. Há uma variedade de razões para que isso possa acontecer e poucas delas não têm nada a ver com você pessoalmente. Por exemplo, poderia ser que as condições de mercado mudaram ou talvez mudanças tecnológicas forçaram uma modificação na estratégia.

Muitas vezes estas forças externas são aceleradas e sensíveis ao tempo, tornando mais difícil para os fundadores da empresa no final de seus mandatos encontrarem a intensidade e a motivação necessárias para arregaçar as mangas, redobrar seus esforços, e confrontar os novos desafios que se apresentam; portanto, alguém que acaba assumindo as rédeas talvez esteja mais apto a enfrentar essas mudanças.

Quem sabe, por exemplo, um produto ou serviço tornou-se muito mais dependente da tecnologia do que você ou a sua empresa previam. Ou, baseado nas condições de mercado, talvez os maiores mercados para um produto ou serviço tenham se transferido basicamente do mercado interno para fora do país. Talvez a empresa tenha passado do hipercrescimento para um caminho de crescimento mais lento, pois o setor tornou-se congestionado com novos concorrentes.

Um dos meus clientes, um fabricante de produtos externos que atingiu com sucesso o segundo estágio de crescimento, ficou preocupado sobre seu mercado de atuação devido à enxurrada de dinheiro vinda de firmas *private equity*. Repentinamente seus concorrentes se muniram de mais capital, novas equipes de gestores, e planos de marketing concisos e vigorosos. Meu cliente estava crescendo rapidamente como resultado de uma série de lançamentos bem-sucedidos

ESTRATÉGIA DE SAÍDA: SEGUINDO O SEU PRÓPRIO CAMINHO 233

de novos produtos, mas a entrada no mercado de novos concorrentes subsidiados por *firmas private equity* resultou em maior risco no ambiente operacional para a sua empresa.

Deveria ele ir em frente e concorrer contra estas empresas modernizadas ou então considerar a venda de sua empresa para uma *private equity* que andava fazendo ofertas para comprá-la? Uma estratégia "resista e invista" exigiria reduzir seu lucro a zero de modo a recrutar novos talentos para concorrer com as novas empresas que entraram no mercado e, ao mesmo tempo, mudar o modelo de negócios da empresa. Alternativamente, ele poderia vender a empresa com um lucro substancial e seguir o seu caminho. Na época em que eu escrevia este livro não era claro qual o caminho que o fundador da empresa tomaria. Ele era realista em relação a suas chances de transformar com sucesso a sua empresa, de modo que ele estava implementando a estratégia comercial e organizacional que acreditava ser necessária para expandir o negócio e, ao mesmo tempo, estava iniciando conversações com bancos de investimento para ver se haveria um comprador capaz de fornecer capital adicional e financiar o investimento em talentos gerenciais capazes de levar a empresa para o nível seguinte.

Quando estes tipos de mudança radical acontecem, algumas vezes um outro executivo com um conjunto de habilidades diferente, com mais capital ou simplesmente mais energia ou motivação pelo fato de se encontrar no início de seu mandato talvez esteja melhor preparado para liderar a empresa nesta conjuntura.

A QUESTÃO SUCESSÓRIA

Uma pesquisa realizada pela NACD (National Association of Corporate Directors) constatou que apenas metade de todas as empresas pesquisadas – tipicamente, grandes empresas – tem um plano de sucessão formal. O histórico é ainda pior com empresas menores em que o fundador da empresa atua como seu CEO. Um plano de transição de liderança sem incidentes deve ser um fator significativo em todas as estratégias de saída. Possíveis compradores em geral veem o plano de sucessão como um atrativo para o futuro da companhia. É importante para a diretoria e demais membros da empresa saberem que existirá um líder pronto para manter a organização forte e em expansão.

Se um plano sucessório é uma peça crítica para o futuro de qualquer empresa, por que o histórico referente a implantação de um é tão funesto em empresas grandes e pequenas? Em parte, isto é da natureza humana. Trata-se de uma decisão difícil planejar uma estratégia de saída pessoal. O planejamento para um sucessor assumir o seu lugar em geral é ainda mais difícil. Muitos líderes deram grandes contribuições para suas companhias e acham difícil imaginar alguém assumindo este cargo e outra pessoa provavelmente mudando ou até desfazendo parte daquilo que eles construíram ao longo de anos ocupando o cargo.

Contudo, caso esteja considerando se retirar, você deve considerar sondar o terreno para o seu sucessor; isso pode tornar o processo de saída mais real para você. Buscar talentos e até mesmo atuar como mentor para o seu sucessor, poderia mitigar ainda mais as dificuldades da fase de saída, pois você saberia que a empresa que você construiu, expandiu e nutriu agora estará em boas mãos.

A VENDA COMO ESTRATÉGIA DE SAÍDA

Caso tenha investidores externos, a menos que eles estejam recebendo dividendos, provavelmente em algum momento eles estarão pressionando para a empresa ser vendida. Afinal de contas, isto tipicamente faz parte dos arranjos pré-acordados feitos pela maioria dos investidores profissionais ao financiarem capital para crescimento. Embora talvez possa não existir um cronograma fixo para recuperação do investimento por eles feito através da venda da empresa, certamente isto é uma parte significativa do plano deles para o futuro. De fato, a maioria das firmas *private equity* e investidores de capital de risco possuem um cronograma de saída que varia entre cinco e dez anos, dependendo da situação. Investidores com fundos de capital imensos têm uma expectativa de vender no prazo mínimo do período; investidores que forneceram capital para crescimento da empresa, não a adquirem e tendem a apresentar uma visão de prazo mais longo.

ESTRATÉGIA DE SAÍDA:SEGUINDO O SEU PRÓPRIO CAMINHO

Quando as condições de mercado estiverem favoráveis – isto é, quando chegar a oportunidade de vender a empresa a um preço elevado – a diretoria começará a sentir pressão por parte dos investidores para vendê-la. Muitas vezes a discussão irá girar em torno da questão do retorno sobre o investimento hoje *versus* o risco e o retorno sobre o investimento ajustado no tempo caso se espere mais um ano ou mais. Um fator significativo é se será necessário mais investimento para aumentar o ROI global dos investidores proveniente de uma futura venda da empresa. Independentemente do período para a eventual venda, você precisará começar a planejar sua estratégia de saída.

PASTAGENS MAIS VERDEJANTES

O que contém muitos líderes de considerar seriamente uma estratégia de saída é o medo de que sua saída seja o final de suas carreiras de empreendedor. Depois de gastar décadas construindo uma empresa em um determinado setor, é difícil imaginar muito mais além disso ao deixá-la. Mas a maior parte dos líderes são pessoas determinadas que vivem para enfrentar os desafios que surgem. Após um curto espaço de tempo, em muitos casos até mesmo antes deles deixarem a empresa, eles encontram oportunidades com as quais podem se sentir estimulados, inspirados e comprometidos. Pode ser que eles abram ou comprem outra empresa, passem a participar de vários conselhos de administração ou até mesmo entrem para o mundo das organizações sem fins lucrativos. Sair de uma empresa, mesmo aquela que você próprio criou, pode ser um novo começo. Você terá o tempo, o talento e muito provavelmente o capital necessário para criar impacto em qualquer arena que você venha a escolher.

PALAVRAS FINAIS

Deixar a empresa que você iniciou e construiu não é nada fácil. Não importa o quão lucrativa ou oportuna seja sua decisão de sair da empresa, ela equivale a sair da própria casa. Construir uma empresa é uma experiência intensa e emocional que também exige bastante de você pessoalmente e jamais se desfaz a quantidade de energia e experiências que você dividiu com um grupo específico de pessoas neste singular e denodado esforço.

Elaborar uma estratégia de saída específica e realista é importante não apenas pelo impacto que lhe causa, mas particularmente para o empreendedor de segundo estágio, ela importa pela forma como afeta aqueles que foram uma parte significativa de sua jornada. Afinal de contas, sem sua equipe, o sucesso não teria sido possível. É importante começar a planejar o mais cedo possível. Avalie suas opções. Procure um sucessor. Faça da transição final a mais tranquila possível de modo a deixar sua equipe e sua empresa no momento certo, da maneira certa e nas mãos certas.

Índice Remissivo

Achatz, Grant, 78
Alinea, restaurante, 78
Alternative Resources Corporation (ARC), 198-200
amigos e família, 38-9
avaliações mensais, 147-9
AXIOM SFD, 51-2, 158-9, 217
bancos e financeiras, 38
Bean, Jeofrey, 174
Bisceglia, Sean, 161
cadeias de suprimento, 56, 206
candidatos aceitáveis, 101-2, 106-7, 196
Capital H Group, 192, 194, 195
capital humano, 89-93
capital novo
  amigos e família, 38-40
  bancos e financeiras, 38-9
  capitalistas de risco, 42-4
  exemplos, 48-51
  firmas *private equity*, 43-48
  investidores privados com patrimônio líquido elevado, 39-42
  visão geral, 37
capitalistas de risco, 42-3
Carrick Marketing, 159
Chally, 133, 209
clientes, *veja também* experiência do cliente vivida em sua totalidade
CMO (diretor de *marketing*), 159, 162
concorrência e, 73, 75-8
  contratação e, 94, 100, 102-3, 106
  crescimento e, 163, 200-1
  custo e, 200

experiência vivida pelo cliente e, 145-8, 174, 176, 181
  gerência e, 141
  liderança e, 205
  preenchimento de pessoal e, 81-3
  valor e, 32, 183
conselho de administração
  composição do, 57-8
  empenho, 61-4
  exemplos, 63-8
  recrutamento, 58-60
  remuneração, 59-62
  visão geral, 55-7
contratação
  a importância dos talentos, 88-90
  equação do capital humano, 89-93
  princípios dos, 93-106 *veja também* recrutamento
  visão geral, 87-8
CPRi, 160-2
credibilidade, 64-5, 126-7, 129, 157, 168, 210, 227
crescer ou desaparecer, 31-4
criatividade
  conselho de administração e, 67
  consolidação da marca e, 184
  contratação e, 98
  CPRi e, 160-2
  crescimento e, 19-20
  empreendedorismo e, 71-4, 75, 78, 82-4
  histórias e, 125
  investimento e, 44
  visão geral, 71-4

cultura
criação de uma cultura consciente, 198-201
modelo completo, 195
modelo para desenvolvimento de, 193
o poder da, 197-8
visão geral, 189-95
Customer Experience Revolution, The (Bean e Van Tyne), 174
Cutler, Elizabeth, 78-80
demissão de pessoal, 213-4
desenvolvimento da relação, 119
diagnosticando, 137, 207
discurso de vendas convincente, 114-7
Dunkin Donuts, 176
EBITDA, 38-9, 46
ego, 213-4
empreendedores de segundo estágio, 25-7
empresas de médio porte, 44, 159, 164, 167, 225
Engbers, Dave, 27-9, 48-50, 217
Equinox, 79
estratégia de saída
engajamento no estágio final, 228-30
iniciando o processo de planejamento, 227-8
pastagens mais verdejantes, 234-5
questão de sucessão, 233
saia enquanto você se encontra em uma boa posição, 227
síndrome da assincronia, 230-1
venda da empresa como, 234
visão externa da, 231-3
visão geral, 225-6
estratégia operacional, mudando a, 26-8
estratégias de vendas, 123-5
Evolution Capital Partners, 51
expansão, 120
experiência do cliente vivida em sua totalidade
comprometimento com a, 176-84
crescimento acelerado e, 175-6
criando um guia para, 178
definindo experiência única para a sua empresa, 178
eliminando obstáculos, 178-9
fazendo da, uma de suas primeiras prioridades, 177

fortalecimento do suporte ao cliente, 179
garantindo a repetição de negócios, 179-80
o divisor de águas na, 174-5
percepção do valor, 183-4
pesquisa das melhores práticas predominantes, 177-8
reinovação, 180-3
visão geral, 173-4
experiência vivida pelo cliente
criação de um guia da, 178
definição de, 178
eliminação de obstáculos à, 178-9
fortalecimento do suporte ao cliente, 179
garantindo a repetição de negócios, 179
Facebook, 30-2, 44, 74, 127-8, 163, 181-2
fechamento, 120-1
fidelidade, 83-4, 174-5, 178, 181-2, 184-5
firmas *private equity*, 43-8
Fitzsimmons, Jeff e Kelly, 71-2, 164
Founders Brewing Co., 28-9, 48-9, 56, 167, 184, 191, 200, 215, 217-8
funções mais puxadas, 197
General Electric (GE), 17, 100, 139-41, 149-50, 197
gerente de comunidades, 180-1
gestão de talentos, 149-50
gestão de vendas, *vide* gestão
gestão do relacionamento com os clientes (CRM), 114-5, 141-2, 146, 160-1 *veja também* experiência do cliente vivida em sua totalidade
gestão
a importância do treinamento, 139-40
avaliações mensais, 147-9
fundador da empresa como gerente de vendas, 137-9
gerentes de vendas, 137-8
gerente-vendedor, 138-40
gestão de talentos, 149-50
gestão de vendas eficaz, 141-3
investimento in, 159-62
lucro e, 155
marca e, 155-8, 159-68
medição de dados, 146-7
planos de vendas por escrito, 143-6 *veja também* liderança *marketing*
valor e, 158, 161-4 *veja também marketing* de crescimento

ÍNDICE REMISSIVO

visão geral, 133-6
Google, 43-4, 89
habilidade cognitiva, 96, 98
HarQen, 71-2, 83-4, 164
Hasting, Reed, 215
Heskett, James, 181
histórias, o valor das, 125-9
hotéis-butique, 175
identificação de oportunidades de venda, 119
incentivos, 73, 112, 135, 177, 198-9, 201
inteligência emocional (IE), 98
investidores privados com patrimônio líquido elevado, 39-42
investimento
  amigos e família, 38-40
  capital novo, 37
  capitalistas de risco, 42-3 *veja também* bancos e financeiras;
  criatividade e, 44
  firmas *private equity*, 43-8
  investidores privados com patrimônio líquido elevado
  lucro e, 37-40, 45-6
  marketing e, 159-62
  valor e, 42-3, 51, 90-1
Jewel Foods, 225
Leo Burnett Company, 160, 165
liderança "de cima para baixo", 209-11
liderança
  de cima para baixo, 209-11
  ego e, 213-4
  fazendo um balanço da situação, 211-9
  gestão e, 205-9
  popularidade *versus* eficácia, 214-5
  presença, 217-9
  reação à mudança, 215-7
  visão geral, 205
  visibilidade, 218-9 *veja também* gestão
Lies, Michael, 161-3
limitações, conhecendo suas, 219-20
Linkedln, 30, 74, 103-4, 127
Intelligentsia Coffee and Tea, 74-7, 83-4, 176, 200-1
Lou, Eddie, 30-1, 65-6, 127, 207-8
Lu, Cindy, 206
lucro
  concorrência e, 73

crescimento e, 23-4, 49-51, 174
desempenho e, 231-3
experiência vivida pelo cliente e, 182, 185
fidelidade e, 181-2
gerência e, 135, 150, 212-3, 227
investimento e, 37-41, 46
marketing e, 155
planos de negócios e, 27
sucesso e, 19, 26-7
Lueders Consulting, 30-1
Mackey, John, 76-7
mão de obra temporária, 81-3
marca
  Brandtrust e, 113
  credibilidade e, 64-5
  criatividade e, 72-3
  cultura da empresa e, 190
  experiência vivida pelo cliente e, 174, 176-7, 179, 184-5
  General Electric e, 100
  marketing e, 155-8, 159-61
  não se contente com pouco e, 101-2
  Parson Group e, 81-3
  planos de vendas e, 145-6
  Starbucks e, 75
marketing de crescimento
  divulgando a sua mensagem, 165-9
  investimento em *marketing*, 159-61
  mundo em mudança, 157-8
  objetivos do, 161-5
  visão geral, 155-8
MBO Partners, 104, 167-8, 190, 217
McKinsey, 89
Meade, Mindy, 165
melhores práticas, pesquisando as, 177-8
modelo para desenvolvimento de uma cultura consciente, 193, 195
mudança, reação à, 215-8
National Venture Capital Association, 42-4
Netflix, 213-4
Next, Inc., 78, 83
Novo Group, 206
O'Gorman, Heidi, 159
Parson Group, 79-83
percepção, 34, 183-4
pesquisa e preparação da conta, 119-20
planos de negócios, 27
planos de vendas, 143-6

popularidade *versus* eficácia, 215-6
presença, líderes e, 217-9
princípios da contratação inteligente, 93-107
  descrição do cargo e critérios de seleção, 94-9
  não se contente com pouco, 101-2
  processo e disciplina, 99-101
  recrutar sempre, 103-6
processo de vendas, definição, 117-20
  desenvolvimento da relação, 120
  expansão, 120
  fechamento, 120-1
  identificação, 119
  pesquisa e preparação da conta, 120
  qualificação, 119
qualidade
qualificação, 119-20
randtrust, 113, 139, 191
recrutamento, 58-60, 64, 71-2, 89-90, 91, 94, 97-123, 102-6, 137, 139, 143, 150, 163-4, 192, 198, 206, 232 *veja também* contratação
Red Bull, 163
reinovação, 180-3
remuneração, 59-62
repetição de negócios, 179-80
responsabilização, 37, 55, 68
Rice, Julie, 79-81
rotatividade da mão de obra, 102, 133, 190, 199
SaferWay, 77
Sanders, Bob, 50-2, 157-8, 217
Sasser, Earl, 181
Saunders, Clarence, 76-7
Schlesinger, Leonard, 181-25
Service-Profit Chain, The (Sasser, Heskett e Schlesinger), 181
Shiftgig, 30-2, 65-8, 127-9, 163, 180-1, 207-8
Skiles, Mark, 76
SoulCycle, 78-80, 102-4, 184
Starbucks, 74, 87, 176
Startupnation.com, 39
Stevens, Howard, 208
Stevens, Mike, 27-9, 48, 217
Strategic Marketing Associates, 165

TFA, 160
timing, importância do, 23-26
Travis, Daryl, 113-5, 139, 191
treinamento
  AXIOM SFD e, 51, 157, 217
  cultura da empresa e, 197, 199
  gestão e, 137-44, 150, 208-9
  importância do, 139-41
  Parson Group e, 65, 82
  processo de contratação e, 91-2, 101, 104, 106
  Sucesso em vendas e, 114-20, 126, 129
  suporte ao cliente e, 179, 185
  WebFilings e, 112
Twitter, 31, 43, 74, 163, 181
valor
  ações e, 61-2
  clientes e, 122-25
  contratação e, 98, 100
  experiência e, 98
  fidelidade e, 174, 183-4
  histórias e, 125-9
  investimento e, 42, 51, 90-1
  marketing e, 158, 161-4
  percepção de, 33, 183-4
  talento e, 89
valores, 190-1, 193-6, 205, 211
Van Tyne, Sean, 174
vendas, modelo de
  discurso de vendas convincente, 115-7
  processo de vendas definido, 117-20
  valor das histórias, 125-9
  valor de ser um consultor fidedigno para o cliente, 122-3
  visão geral, 111-5
visibilidade, líderes e, 217-20
Weller, Craig, 76-7
Whole Foods Market, 76-8
Wind Point Partners, 198
Zaino, Gene, 104, 167, 190, 217
Zappos, 26, 173
Zell, Doug, 57, 200
Zocolo Group, 156-8
Zukerman, Ruth, 79